你来了，他在哪儿

《非诚勿扰》给女人的
十二堂婚恋幸福课

王　废◎著

中央编译出版社

图书在版编目(CIP)数据

你来了,他在哪儿:《非诚勿扰》给女人的十二堂婚恋幸福课 / 王废著.
-- 北京:中央编译出版社,2014.6

ISBN 978-7-5117-2146-4

Ⅰ.①你… Ⅱ.①王… Ⅲ.①恋爱-通俗读物②婚姻-通俗读物
Ⅳ.①C913.1-49

中国版本图书馆 CIP 数据核字(2014)第 085435 号

你来了,他在哪儿
——《非诚勿扰》给女人的十二堂婚恋幸福课

出 版 人:	刘明清
出版统筹:	董 巍
策划编辑:	黄海明
责任编辑:	韩继海
责任印制:	尹 珺
出版发行:	中央编译出版社
地　　址:	北京市西城区车公庄大街乙 5 号鸿儒大厦 B 座(100044)
电　　话:	(010)52612345(总编室)　　(010)52612313(编辑室)
	(010)52612316(发行部)　　(010)52612315(网络销售)
	(010)52612346(馆配部)　　(010)66509618(读者服务部)
传　　真:	(010)66515838
经　　销:	全国新华书店
印　　刷:	北京晨旭印刷厂
开　　本:	880 毫米×1230 毫米　1/32
字　　数:	132 千字
印　　张:	10.5
版　　次:	2014 年 6 月第 1 版第 1 次印刷
定　　价:	32.00 元
网　　址:	www.cctphome.com　　**邮　箱:**cctp@cctphome.com
新浪微博:	@中央编译出版社　　**微　信:**中央编译出版社(ID:cctphome)

本社常年法律顾问:北京市吴栾赵阎律师事务所律师 闫军 梁勤
凡有印装质量问题,本社负责调换。电话:(010)66509618

序 篇 ①

找个好男人，绝对是个技术活

看了这么多年《非诚勿扰》，你最大的感悟是什么？

当我在键盘上敲出这个问题的时候，恰好屏幕右下方冒出了有一封新邮件的小提示，点开一看，叶子发来的：我总以为我老了，嫁不出去了，这辈子命中注定要做剩女了，而且是剩的连死太监都不屑一顾的那种，但刚刚跟欢姐看完一集，51岁的吴愤奋和34岁的伍逸幸福牵手那一刻，我又相信爱情了！

此时，我与叶子的感触是一样的，又相信爱情了！

同叶子一样，我也没有从刚刚结束的《非诚勿扰》中醒过来，吴愤奋和伍逸牵手那一刻，我心间泛起的波澜现在依旧荡起一圈又一圈的涟漪。在当前这个闪婚闪离就如同吃顿快餐看场电影一般随意的年代，能够看到吴愤奋和伍逸这对为了彼此心动的人，不顾年龄跨度，忘记尘世凡俗，勇敢张开双臂紧紧相拥的人，绝对会触及我们内心最柔软的地方。我们从巷子口的跳着橡皮筋舔着棉花糖的孩童，成长为踩着单车在日记里写下青春私语的懵懂少年，经历了青涩年华的朦朦胧胧恋爱，终于到了嫁人年岁，却蓦然间发现自己不再相信爱情了，这是一件多么悲催的事情！

而在我的朋友圈中，最悲催的人自然要数叶子了——

17岁那年，高中纯情小妹的她喜欢上隔壁理科班的一位戴眼镜、皮肤白皙、斯斯文文的"儒雅男"，第一次在日记中用"他"代替了一位男生的名字，第一次坐在凌晨三点的夜色里听着音乐发呆，第一次放学约会晚回家后向欢姐撒谎，悲催的是，身为其母的欢姐一眼就识透了女儿的谎言，此后的剧情俗套的可以写成一部肥皂剧，欢姐一手扼杀了叶子的初恋。

19岁那年，她确定"儒雅男"已经与她此生再无瓜葛后，转而又喜欢上了大学里的一位青年辅导员，整个大学期间都在同学们的风言风语里享受的"地下情"的浪漫与快乐。

22岁那年，她毕业了，辅导员闪婚了，新娘却不是她。这样也好，不用再体会异地恋的漫漫煎熬，毕竟给她Offer的是沿海的一座大城市中的大公司，为了工作丢掉一个男人、一份感情、一段曾经，她觉得很值。

24岁那年，已经工作两年的她遇见了一位可以让她甘愿放弃手头优渥工作的"绅士男",但"君生她未生,君婚她未婚",这样的一场遇见何其俗套,结局也自然十分的俗套,"绅士男",给了她 Chanel 的化妆品,给了她爱马仕的经典小挎包,给了她打飞的就如同打的一般的生活,甚至也给了她一场刻骨铭心的感情经历,可那绝不是爱情,因为她与他终究是路人。

28 岁那年,她告别了"绅士男",逃离了那座大都市,回到了家乡的小城,做着一份不枯燥的工作,希望遇到一个长得不算难看又能养得起小家的简单男人,拥有一份白开水般平淡又绵长的爱情。

可是,两年过去了,她已经站在了 30 岁这道"人生大坎"上,简单的男人至今还未现身,白开水一般的爱情依旧杳无音讯,往前一步,前路依旧渺茫,想往后退一步,却退无可退。

这就是叶子,我们从有 QQ 起就认识但从没有见过面,在我看来她就是一本"剩女教科书"——女孩如何成长为剩女,翻一遍她的人生简历你就啥都明白了。

现在,很多的剩女不也跟叶子很类似?

剩女们,你们就算没有在高中抓住一个纯情男谈一场青梅竹马的爱情(如果你认为高中恋爱属于"违禁品",那就请无视这句话),也应该在大学里谈一场轰轰烈烈的恋爱找一个陪你一起毕业一起到老的男生(别扯毕业就分手,毕业就分手根本不算真爱),就算你浪费了大学的美好时光,参加工作

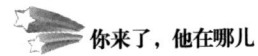

的前两年你也应该抓住一个甘愿挨你平底锅的"灰太狼"。

可是现在，你可能距离毕业前两年又过去了四年，距离大学毕业已经过去了六年，距离高中毕业已经过去了十年。十年过去了，你遇到过爱情，遇到过心仪的男人，可是这一切都是你生命中的过客。现在，你依旧单身，且活在了无比尴尬的年纪，老妈催你相亲，老爸催你相亲，姥爷姥姥也在催你相亲，几乎全世界认识你的人都在催你相亲！

你，苦逼么？

你，抓狂么？

你，委屈么？

我要说的是：活该！你之所以会成为像剩饭一般没有多大吸引力的剩女，或者成为浑身散发着耀眼光泽苦苦追逐爱情却没人敢碰的"黄金剩斗士"，就是因为你没有对得起这些年来所受的伤，没有对得起这些年来所经历的痛，时至今日可能还不明白——找个好男人，绝对是个技术活（本书不谈男人该怎么泡妞，只谈女人该如何找到如意郎君）！

如果把这句话当作这么多年来看《非诚勿扰》的最大感悟，我觉得再贴切不过了。

这个是关于开篇那个问题的回答，也是一个关于爱情的回答：舞台上的光头孟爷爷，全民丈母娘黄老师，一张嘴能辣出你眼泪的乐师傅，死萌死萌的财神爷，每期的 24 位俏丽的女嘉宾，他们一起调侃着男人与女人，解读着爱情与婚姻的游戏规则，告诉女人们该如何"脱光"，告诉女人们做出最

正确的选择，告诉女人们该如何倾听自己内心的声音……

　　看《非诚勿扰》只要一小时，活明白却要很多年——

　　今天，你看懂了吗？

　　今天，你活明白了吗？

你来了，他在哪儿

十二堂婚恋幸福课

《非诚勿扰》给女人的

序 篇②

爱情一路盛开，幸福从未散场

　　麦克尤恩的这些短篇小说犹如锋利的刀片，阅读的过程就像是抚摸刀刃的过程，而且是用神经和情感去抚摸，然后发现自己的神经和情感上留下了永久的划痕。

——余华

　　如同余华阅读麦克尤恩的小说一样，我第一次看《非诚勿扰》也是这种感觉：《非诚勿扰》不仅仅是一个大型相亲节目，它就像是一把锋利的刀片，一刀一刀戳中现代男女们浮躁的内心，那么痛，那么透彻，让我们在爱情迷途中不再

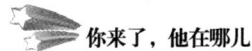

茫然无措，知道自己为什么一直在画地为牢，明白自己为什么一直都在不停地犯错或错过，最终让我们在寻找幸福的旅程中看到希望与光明。

每次看《非诚勿扰》，每次都心生温暖，尽管我们会为自己看好的缘分散场而惋惜，但我们更多的时候都在为那一对对幸福牵手的男女嘉宾而心生感动——爱情来临的时候总是包裹着大片大片的幸福与温暖汹涌而至。滚滚红尘，茫茫人海，男人与女人就像是两座隔海相望的岛屿，他们能从无边无际的大海上相遇，在海浪迭起的日子里牵手相伴，几乎每一位旁观者都忍不住想去祝福他们。

曾经，看到过很多在爱情的残酷中如秋叶般孤寂落寞的女人，也认识很多在爱情海洋中如春花般灿烂的女人，她们在谈到爱情的时候几乎都说到了一个问题：如何才能与彼此相爱的人长久相处下去？

那些不幸福的女人们告诉我，世界上最厉害的爱情杀手莫过于争吵、坎坷与变故，不论是多么坚固的爱情也经不起怀疑、嫉恨、诱惑的侵蚀；那些幸福的女人们则告诉我，爱情保鲜靠的是两个人共同的努力，如何努力让平静如水的生活每天都泛起不同的滋味，日复一日的平淡才是爱情死亡的真正诱因。

看《非诚勿扰》，这样的感触尤为深刻：那些在舞台上浪漫牵手的女嘉宾都一样幸福，当自己心仪的男人出现之时，她们会坚决地放下不必要的矜持，迅速袒露心声，在缘分面前不犹豫，果断"迎男而上"；那些在舞台上迟迟不能牵手的女嘉宾也都各有各的不幸，嫌弃长相英俊的"凤凰男"家底不够殷实，遇见"土豪"又嫌弃对方身上没有文艺范儿，碰见个子高的嫌太高，碰见个子矮的嫌太矮，碰见不高不矮的又在肥瘦上挑毛病，一心只想着嫁给像英国王子一样帅比阿拉伯王子更有钱的"高富帅"，结果一次又一次地与缘分擦肩而过。

正所谓，世界上幸福的女人都一样，不幸福的女人则各有各的不幸，只要我们打开心结，准确认识自己，不再为内心的纷扰所牵绊，就能够成为一名尘世间最幸福的女人——若是喜欢浑身上下散发着浓浓儒雅气息的"文艺男"，那就不要计较他是否有洁癖；若是喜欢有上进心勇于拼搏的"潜力男"，那就不要计较他现在是否有车有房；若是喜欢成熟内敛上档次的"成功男"，就不要计较他的脑袋上是否还能长出一头浓密的头发……

爱情一路盛开，幸福从未散场，只要我们做出对的选择，梦想就不再那么遥远。

如果我们还在为爱彷徨，千万别灰心，因为我们还有《非诚勿扰》，它就像一位循循善诱的婚恋导师，告诉我们如何去寻找爱，如何去爱一个人，如何让离开痛的伤城，走进幸福的城堡——《非诚勿扰》就是一台"爱情GPS"，帮你定位自己、定位爱情，更为你定位人生的幸福坐标！

你到底想要什么样的男人？

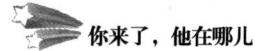

　　你到底适合什么样的男人？

　　打开《非诚勿扰》这本世界上最棒的"婚恋教科书"，你一定能找到自己想要的答案！

目　录

第一课 〉往前一步是幸福
　　　　——青春易逝，你必须迎"男"而上

Lesson 1.为什么剩女都在问：爱情距离我还有多远　/ 002

Lesson 2.就算全世界都放弃你，也要迎"男"而上　/ 006

Lesson3.爱情不是一杯落满旧时光的咖啡　/ 010

Lesson4.脱光圣经：只有放下，才能等来幸福　/ 014

Lesson5.女光棍不可耻，不改变才可耻　/ 018

周末小测验·你距离爱情还有多远　/ 024

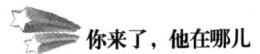
第二课 〉**遇见对的人就嫁了吧**
——那些年的爱情，这些年的成长

Lesson 1.遇见爱，坚决要爆灯 / 030

Lesson 2.不要活在痛苦的阴影里：我们都曾爱过不值得爱的
人渣 / 035

Lesson 3.相遇不易，一旦错过，悔一生，恨一生 / 040

Lesson 4.你想尝尝小吃，我愿意为你走遍名街古巷 / 044

Lesson 5.没有什么比勇气更重要，所以我愿意试一下 / 048

周末小测验·你的嫁人的希望有多大 / 053

第三课 〉**别再戴着面具谈恋爱**
——活出真性情，女汉子也有春天

Lesson 1.你是公主，可也是个女人 / 060

Lesson 2.不装 X，不做作 / 065

Lesson 3.不掩饰，不代表你可以随意地展现"阴暗面" / 070

Lesson 4.活得明白，爱得明白 / 074

Lesson 5.白天"白骨精"，晚上"狐狸精" / 078

周末小测验·你是不是很受大家喜欢 / 082

第四课 { **爱情丰满，现实骨感**
　　　　——因为懂得你的好，所以想要对你好

Lesson 1.缘分奇妙而珍贵，来了就不要放手 / 088

Lesson 2.若为男人哭泣，一定要把眼泪流进他心里 / 091

Lesson 3.心中有爱，才能拥抱温暖的人世间 / 095

Lesson 4.别在爱的谎言里寂寞地老去 / 098

Lesson 5.爱情与房子，孰轻孰重 / 101

周末小测验·你距离幸福还有多远 / 106

第五课 { **优雅的女人不褪色**
　　　　——平凡似路人，也要有颗女神的心

Lesson 1.你不优雅，怎能征服"高富帅" / 112

Lesson 2.优雅女人：一棵开花的树，一本温暖的书 / 116

Lesson 3.昂贵的穿着也可能让你优雅得很"山寨" / 120

Lesson 4.真挚的微笑比天使般纯净的目光更珍贵 / 123

Lesson 5.如何做一个幸福的文艺女青年 / 127

周末小测验·你是不是一名女汉子 / 130

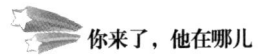
第六课 痛楚的笑忘书
——男人如此残酷，女人必须精明

Lesson 1.你应该比男人更了解男人 / 136

Lesson 2.遇到贴心的男人，就踏踏实实地爱一场吧 / 139

Lesson 3.别再沉迷于"爱情狂想曲" / 143

Lesson 4.单数的你总有一天会变成双数 / 148

Lesson 5.自己不做"备胎"，也别把别人当"备胎" / 154

周末小测验·你是不是容易被伤害的女人 / 158

第七课 心若不静，真爱难觅
——顺其自然，爱情自然来敲门

Lesson 1.世界如此喧嚣，你内心必须宁静 / 164

Lesson 2.幸福的爱情就是坐在自行车后也能笑出声 / 167

Lesson 3.不要执着于"第一眼"：眼缘有时害死人 / 171

Lesson 4.沟通好了，爱情就能长长久久 / 174

Lesson 5.静下心来，只靠自己而活 / 177

周末小测验·你是不是一个心平气和的女人 / 180

第八课 〉男人是世界上最奇特的动物
——不了解男人受宠一阵子，了解男人受宠一辈子

Lesson 1.别轻易相信那些"口香糖男人" / 186

Lesson 2.那些男人为什么不想结婚 / 189

Lesson 3.真爱你的男人绝不会把你宠得无法无天 / 193

Lesson 4.男人最爱居家型女人 / 196

Lesson 5.向男人表白必须要有策略 / 200

周末小测验·你的单身指数有多高 / 203

第九课 〉别一直躲在墙角里哭泣
——如果你一直痛哭，生活依旧不会改变

Lesson 1.青春给了你一记响亮的耳光 / 210

Lesson 2.别把人生最美的年华浪费在一场暧昧里 / 214

Lesson 3."爆灯姐"的启示：学会倾听爱情的声音 / 218

Lesson 4.我动了心，希望你能动情 / 223

Lesson 5.花开荼靡：别等到失去了才后悔莫及 / 228

周末小测验·你是不是一个容易受别人影响的女人 / 235

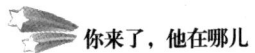

第十课 〉 **走出思维的迷宫，不在人世间落单**
〉 ——问世间情为何物，直教人蹉跎一生

Lesson 1.为情所累，为情所困，直至一路迷茫 / 242

Lesson 2.情字头上一把刀，不能忍，就残忍 / 246

Lesson 3.做个可以旺三代的好女人 / 250

Lesson 4.恨嫁是一种病，得赶紧治 / 254

Lesson 5.坚持自己的爱很感人，但这也是有成本的 / 258

周末小测验·你现在适不适合谈一场恋爱 / 261

第十一课 〉 **独立的女人最珍贵**
〉 ——有了他告别孤独，离开他也要不寂寞

Lesson 1.你可以为他放下一切，但不能失去自我 / 268

Lesson 2.没有他，你的世界依然晴朗 / 272

Lesson 3.无论如何，都要配得上自己所受的苦 / 276

Lesson 4.女人要独立，但不一定用钱来证明自己 / 279

Lesson 5.你可以委曲求全，但不能总委曲求全 / 283

周末小测验·你是不是一个独立性强的女人 / 287

第十二课 { **爱，注定是一生一世的修行**
　　　　　　——淡定从容，下个转角遇到爱

Lesson 1.时光逝去，唯一不老的是对的选择　/ 294

Lesson 2.没有爱，生命是一场寂寞的旅行　/ 298

Lesson 3.扰乱我们生活的是那颗纷乱芜杂的心　/ 301

Lesson 4.温柔的你不会让爱渐行渐远　/ 304

Lesson 5.经营爱情是堂必修的人生哲学课　/ 307

周末小测验·测测你是不是一个合格的女朋友　/ 310

你来了，他在哪儿

十二堂婚恋幸福课

《非诚勿扰》给女人的

第一课

往前一步是幸福

——青春易逝，你必须迎"男"而上

幸福，其实距你只有一步之遥。

当那些轰轰烈烈的日子在某一天戛然而止的时候，当街角咖啡馆里的伤感音乐像一把锋利的匕首刺进你内心世界的时候，你是否会觉得你比伤感更伤感，你的生活比电影更电影。

是的，你是一个女人，这一辈子需要一个男人给你疼爱，给你宠溺，给你珍惜，让你像一个公主徜徉在童话世界中——做个幸福女人，这是你一生最大的愿望，不管你是每天踩着"恨天高"在 CBD 的摩天大厦里忙忙碌碌的高级白领，还是整日泡在各种宴会与时尚活动里的女强人，抑或你只是一枚穿着牛仔裤格子衬衫踩着帆布鞋的居家小女人，你都需要男人的慰藉，需要爱情的滋润，要不然你永远不会是你最想要的你。

因为，有了男人与爱情，女人才更像个女人。

所以，你不能再冷漠地看着青春从你的指尖缓缓流逝，你不能再像躺在橱柜里的商品等着男人来挑选，你要勇敢地站出来，迎"男"而上，追着爱情向前冲。

晚了，幸福就远了。

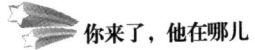

Lesson 1.

为什么剩女都在问：爱情距离我还有多远

爱情距离我还有多远？

每每遇见那些在情感之路上黯然徘徊的剩女，她们都会问到这个问题——有的女孩儿面带微笑，在不经意间扬起满是期待的脸，等待着你给她答案，那微笑与期待的背后是大片大片的落寞；有的女孩儿咬着嘴唇嗫嗫嚅嚅地说出这个问题，眼睛一眨一眨，你能看到她内心的彷徨无助，以及那种伤到骨子里的痛彻心扉……

爱情，对于剩女而言，就如同一件皇帝的新装，别人都说爱情就在你的身边，你也相信了爱情离你触手可及。

可是，你就是看不见也摸不着，爱情究竟是近在咫尺，还是远在天涯？

　　这一切，没有人能给你答案，就如同没有人能够告诉你未来的道路是坎坷还是平坦。

　　然而，没有答案却并不意味着一切就无迹可寻，你究竟是如何变成剩女的，如何走到今天这一步，别人不知道，难道你自己也不知道吗？

　　这些年，你是不是一直都是听父母话的乖孩子，从幼儿园到大学毕业，和男生们在一起最长的时间除了上课，剩下的就要数各种各样的学生活动，父母的言传身教与严防死守让你一直把"读书时不能谈恋爱"当作人生信条，仿佛一旦破了这个戒，世界就会瞬间崩塌一样。可是毕业后，你却发现自己与这个世界格格不入，你可以找一份体面的工作，你可以赢得上司的赏识、同事的喜爱、闺蜜的体贴，甚至楼道里的保洁阿姨，送快递的帅哥都会经常和你打招呼，可你就是找不到一个让自己感觉体面的男人，一个女人若是没有了爱情，她就像被排除在了这个世界之外的人。世界如此之大，你却如此孤单，这令人悲哀，也更令人气馁。

　　这些年，你是不是一直行走在城市的边缘，穿梭在钢筋水泥的丛林里，衣着清新，浑身上下透着一股子文艺范儿。偶尔，会一个人坐在深夜里的地铁里听着劲爆的音乐，时不时拿出镜子看看自己，涂涂口红，补个粉底，描个眼线，看上去活得很 high，却总是坐过站，或者到了站心里却一片茫然，望着空旷的车厢就是不想下车。你知道你身在何方，可

每一站都是路过，每一站都没有留恋。当你的心找不到那片栖息地，你就根本不知道自己该在哪一站下车，哪一站才是自己情感的归宿。套用一句很煽情的话说就是：心若没有栖息的地方，到哪里都是流浪。

这些年，你是不是总认为自己是除了男人与女人之外的第三种人，女汉子，一种比爷们更爷们的彪悍物种。你大大咧咧的行走在人来人往的大街上，看见不爽的人或事会马上投去鄙夷的目光，一旦遇见开心的事情立刻笑得花枝乱颤，甚至让路人驻足围观；朋友有难拔刀相助，饭局上酒杯举得比领导都高，哥们姐们遍天下，蓝颜和男闺蜜多得能吹动火车堆起泰山，可夜深人静的时候你却静不下来，看着怀里的泰迪熊越看越心烦，越心烦越黯然。挂上QQ，登上微博，打开微信，多年前的最看不惯那个"楚楚可怜"、处处装纯情的"绿茶妹"正在晒和男友在马尔代夫拍摄的浪漫游照片。上个礼拜还跟你一起在KTV唱歌到天亮的闺蜜，刚刚晒出了自己的婚纱照。哥们儿各种晒幸福，姐们儿各种秀甜蜜，让你除了觉得自己多余之外，剩下的就是那空荡荡的夜晚，还有那窗外传来的风声。

……

每当《非诚勿扰》的开场音乐奏响，每当孟爷爷在舞台上评点起爱情与幸福，每当24位美丽的女嘉宾讲述自己的故事，这时候你是不是也会看见这些年的自己——你是"一心

只读圣贤书，两耳不闻爱情声"的乖乖女；你是影子里都透着一股子文艺范儿的文艺女青年；你是总觉得绝大多数男人都比女人更女人的女汉子。

　　这些年经历了这么多的过往，你就算再怎么迟钝也应该明白：在追求爱情的这条道路上，奋力奔跑的同时更应该懂得及时进化，放下那些自以为是的"优点"，不要继续活在自己的小世界里，让自己早一点站上迎接爱情的大舞台，爱情不是遥不可及的奢侈品，也不是精致复杂的艺术品，只要你认清自己，跨越爱的盲点，爱情自然距离你不再遥远。

　　【爱情的芬芳，幸福的滋味】

　　我们在《非诚勿扰》的舞台上总能找到自己的身影，总能够从别人的故事里看见自己的人生。所以，当我们目送着那些与自己经历相似的女嘉宾幸福地离场，看她们牵着男嘉宾甜蜜地走下舞台时，我们也应该告诉自己：别在继续问爱情距离自己还有几公尺这个愚蠢的问题了，在这个问题上纠结再多都没有用，只有挺起胸膛勇敢地改变自己，继续追寻，天使才会降临你的身边，丘比特的箭才会为你而射出！

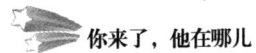
Lesson 2.

就算全世界都放弃你，也要迎"男"而上

追逐了这么多年的爱情，等待了这么多年的幸福。

现在，你的日子还是像一根被舔得失去了颜色的棒棒糖，尽管有着很多的甜味儿，但你总是感觉少了很多东西，依旧整日整日地生活在空虚与寂寞之中。其实，空虚寂寞的另一种解释就是：你现在还没有遇到真爱。

没有真爱的日子，就算是甜味儿再浓，也处处透着一种残缺，泛着一丝儿苦味儿。这感觉只有你自己最清楚：你想做世界上最美丽的女人，但更想做拥有一份世界上最美爱情的女人；你想成为世界上最富有的女人，但是更想成为世界上最幸福的女人；你想成为世界上最有话语权的女人，但是你更想成为世界上活得最尊贵的女人。

说到底，不管你现在过得怎么样，顺心也好，不顺心也罢，都应该大声地告诉自己：我是生活中没有爱情滋润的"空

虚寂寞女"，但我依旧信心满满，就算全世界都放弃我，我也要迎男而上！

她 24 岁了，还没有谈过一场恋爱，仅仅有过两次暗恋经历，根本没有感触过爱情是什么滋味。

她 24 岁了，还有着小女孩的胆怯，从来都不自信的她眼睛里透出对爱的憧憬，但是憧憬的背后也落满了悲观。

当来自河南的常小娟第一次站上《非诚勿扰》的舞台后，五官普通、体态不优美、出身很一般、有些胆怯还有些自卑的她马上成为了观众们讨论的焦点。她在节目中坦言：体重就是她的爱情杀手，她从生下来就一直单身到现在。

看着这个普通的不能再普通的女孩，网上的争论声却是一浪高过一浪，有人说她根本就不该站上《非诚勿扰》的舞台，站在这个舞台上的女孩要么像邢星等富家女一样的家世显赫，要么像张夭宁那样的容貌出众，就算家世不显赫，容貌不出众，那也应该有不错的气质谈吐、耀眼的学历。

可是，这些被认为是登上《非诚勿扰》这个大相亲舞台的"硬件配置"，她一项都没有。她唯一拥有的就是迎男而上的勇气，希望在这个舞台上寻找一个直面自己的机会，用她的话来说就是："就想换一种活法，跟过去的爱情阴霾做一个彻底的了断。"

常小娟在《非诚勿扰》上的求爱之旅注定是艰辛的。但是，我们大多数像她一样普通的女人又何尝不是呢？

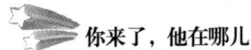

不经历风雨就不会看见彩虹，不经历黎明前的黑暗就等不到朝阳升起后阳光明媚。常小娟的结局无疑是幸福的，在经历了很多次被拒绝之后，她最终成功地等来了自己的白马王子——26岁的抚顺小伙儿王旭东为她专门报名参加了《非诚勿扰》，他在动情地对着她说道："看人不要单一的看人的外表，就是一个人长得再漂亮再美丽，过了十年、二十年、三十年，大多数人的眼光依然会从你身上移开，但是能拥有你这样纯洁的内心与善良，我感觉这是非常难得的，是一辈子的财富。

看着常小娟和王旭东手牵手幸福地走下舞台，这应该是《非诚勿扰》这个节目有史以来最温暖的场景之一。在王旭东为常小娟戴上他千里迢迢带来的围巾之后，坐在嘉宾席上的黄老师难掩激动地说道："我一直，一直在想，常小娟会怎么样地走啊。就是我觉得有些女孩儿吧，特别地耀眼，站在这里一次一次走上台成为心动女生，但是曲高和寡，最后自己悄然离去。常小娟，有的女孩儿呢，像丑小鸭或者是野百合，始终没有人关注，甚至于有些人会去冷淡她，但是只要那么一次绽放，她可以牵手离开。与其在悬崖上展览千年，不如在爱人肩头痛哭一晚。"

生活永远比电影更精彩。没有人预想到常小娟会以这样一种幸福到极致的方式离场。所以，当这一期《非诚勿扰》结束之后，贴吧里、论坛里、微博上都沸腾了。很多人在祝福常小娟和王旭东的同时，也都开始思考，为什么自己不能够像

常小娟一样的幸福呢？

这个问题其实很容易回答，我们都可以像常小娟一样等来那个专程为自己而来的人，只要我们能够像她一样勇敢地站出来，勇敢地去寻找爱，就会以最快的速度找到自己的爱情——就算全世界都放弃你，也要迎男而上，因为上帝早就为你安排好了属于你的白马王子，走过下一个街口，也许就会有个男孩出现在你面前，像王旭东那样深情地唱道：就算全世界离开你，还有一个我来陪，怎么舍得让你受尽冷风吹，就算全世界在下雪，就算候鸟已南飞，还有我在这里痴痴的等你回……

【爱情的芬芳，幸福的滋味】

对爱的向往，是每个女人与生俱来的一种特性。即使全世界都背叛你，也总有一个人会站在你身边背叛全世界。所以，不论你是"五星级剩女"还是"VIP级女光棍"，你在面对情路挫折的时候就必须有勇气有自信，女人的魅力并不是完全通过男人来展示的，只有你自己觉得自己魅力十足的时候，男人们才会认为你是一个有魅力的女人。如果你现在正处在没勇气不自信的状态之中，那么你应该去打开视频听听常小娟说的那句话，"有自己垫底全天下的女孩儿都不用再自卑了"。现在，你觉得你比常小娟还普通吗？如果不是，那就露出笑脸，画个美美的妆，穿上漂亮的衣服推开门去迎接自己的白马王子，谈一场轰轰烈烈的爱情吧。

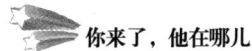

Lesson3.

爱情不是一杯落满旧时光的咖啡

　　这是一个非常简单的故事，简单到叙述起来没有一点滋味。但是，这却是一个感人至深的故事，每一次讲起，每一位听故事的人，他们的心弦都会产生轻轻的震颤。

　　她和他的爱情诞生在云南，一个四季如春的地方。

　　她叫 Ailing，一个优雅的双鱼座女子，大学毕业后独身来到了云南丽江，在母亲的资助下租了一间原木搭建的小房子，开了一间小小的咖啡屋。她唯一的梦想就是在这里安安静静地生活下去，白发苍苍的时候也能够穿着碎花棉布裙，踩着一双简单的帆布鞋，坐在小咖啡馆里的吧台前，听着那些一边喝咖啡一边品味时光的人说自己的故事。

　　他叫"骨头"，瘦得像是一根没有一丁点儿肉的排骨，是

一个孤独的流浪者，背着一把破吉他，从北京唱到西藏，从西藏唱到丽江。他的人生很贫瘠，但是却也比任何人都富有，他没有钱也没有头衔，甚至从来都不确定自己明天还有没有钱吃饭，但是他却有着无数的故事。

一个喜欢听故事的人遇到了一个有故事的人，这自然是一件很幸福的事情。那天，阳光晴朗，空气中弥漫着淡淡的清香，她端着一杯咖啡打开窗子，看见他坐在路的对面的一棵树下，欢快地拨着吉他，嘴里唱着方大同的《黑白》。看见他的第一眼起，她就觉得很舒心，突然有一种释放一空的感觉，她觉得他唱的《黑白》是那么的干净，那么的快乐。

他的歌声里有她想听的故事——他们就这样邂逅，他们的爱情就这样在阳光下盛开。

其实，早在他们相爱之前，他和她都是为爱伤透心的人。Ailing 大学里遇见了一位一见倾心的师哥，两个人一起看电影，一起翘课去打台球，一起在寒暑假去旅行，可在她毕业的时候，他却牵着另外一个城市的女孩来向她说告别。骨头中学时候跟着母亲去印度生活了，长大后去西班牙的一家音乐学校主修吉他，后来成为了一家乐队的吉他手，每天晚上在马德里的一家大型夜店演出，收入很丰厚，26 岁的时候与一个女人闪婚，一起幸福地生活了四年多，并有了孩子，可是那个孩子却与骨头没有任何血缘关系。

当不幸与伤害迎面扑来的时候，他们都选择了逃避，选择用回忆旧时光里的那些甜蜜来抵挡疼痛。Ailing 希望在云南

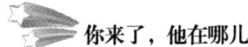

的山青水静中，在咖啡的浓郁香味中，回味着伤痛，回味着过去，回味着曾经的甜蜜，直到此生完结。骨头觉得自己就像一根被遗弃的骨头，他希望一直走，一直用快乐唱着悲伤的歌谣，只要回忆不老，往昔的幸福就能一直萦绕在他的周围。对于他们选择，用Ailing的话说就是，"我们一直以为爱情是一杯落满旧时光的咖啡，走进去就出不来了，一辈子只能沉浸在旧时光的折磨中，旧时光中的甜就是一种毒药，让你忘了今生今世，忘了明天太阳会照常升起。真的，直到遇到骨头，我才发现爱情并不是一杯落满旧时光的咖啡。爱情是什么？是我每一次新冲出来的咖啡，就这么简单。窗外的旧时光可能会洒进杯子中来，它依然与过去无关，过去只是一层光幕，穿过这层光幕，就能遇见你早该遇见而没有遇见的人，碰见你早该拥有而迟迟没有拥有的爱情。"

2013年的七夕节，Ailing和骨头结婚了，他们的微博上每天都写满了幸福与甜蜜：他们在山城重庆的街头吃小面；他们前一分钟因为早上开店门太晚而相互怒视，后一分钟又相视而笑；他们骑着情侣单车去做婚检，他穿着白体恤斑马裤，她戴着一顶青苹果颜色的帽子穿着粉红色及膝长裙，一路走，一路都引人注目……

Ailing和骨头的故事听起来就像是现实版的童话故事，真实却又那么遥远。可他们最令人羡慕的却是：他们两人不仅仅上演了一出现实版的童话故事，可是他们的生活远比童话

更丰富多彩，任何一对情侣能把生活演绎得比童话更童话，他们都是令人羡慕的。

听完了 Ailing 和骨头故事，你是不是也会想到，其实，在《非诚勿扰》的舞台上，那站在台上等待被牵走的美丽女孩，哪个没有经历过爱情，哪个没有经历过刻骨铭心的痛，但是现在她们正把自己打扮得像童话中的公主，等待着王子走上舞台来将自己牵走。每一个《非诚勿扰》舞台上的女嘉宾都是令人羡慕的，她们知道自己的青春将为谁绽放，而不是一直沉浸在过去，她们明白自己必须翻过那一页光阴，才会让生命迎来新的旅程，让爱情迎来又一次绽放的季节。

所以，对于受过伤的我们来说，现在最应该做的事情就是倒掉你手中咖啡杯里的旧时光，不要再为那片逝去的灰色光阴而难过，重新冲一杯新咖啡，推开你的窗子，打开你的心门，你就会迎来新的爱情，迎来新的生活。

【爱情的芬芳，幸福的滋味】

对于那些无疾而终或者曾让你哭天抹泪却依然淡出你生命的爱情，你就不要再紧握着不放了。女人啊，你一定要知道，你手里抓住的其实只是一截锁住你的镣铐，那只你以为会与你紧握一辈子的手，其实早已挣脱，消失的无影无踪。所以，对于那些注定要成为消失记忆的篇章，你就应该早日为其画上句号，再多的挣扎，再多的执着，换来的可能只是一个潦草的结局。

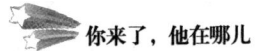
Lesson4.
脱光圣经：只有放下，才能等来幸福

唐僧问道："悟空，你抬起头能看到什么？"

悟空回答道："天空，晴空万里。"

唐僧说道："天空很大，但是我却可以用一只手遮住整个天空。"

于是唐僧伸出一只手遮住了悟空的双眼。

"悟空，生活的烦恼就像为师的这只手掌，你若不放下，总是拉近放在眼前，你将看不到人生的太阳与蓝天。"

"师父，我看得到天空。"

"放不下，就永远看不到，生活就是如此。"

"师父，我真看得见天空。"

"你他妈的给我闭嘴，我知道你看得见！"

这是一则在网上流传很广的笑话，让人在笑过之余也能

清楚地感悟到放下的重要性——滚滚红尘，谁又是谁的谁，你若不能放下，便永远不会成为谁的谁。

很多女人，没有生在豪门却总有"豪门病"，在自己那崎岖坎坷的感情道路上总是放不下，总是在为过去的人和事伤悲、彷徨，把自己想象成偶像剧中的女主角，看见花落会流泪，看到季节变换会趴在被窝里一遍一遍地听几十年前的老歌，最终把自己搞的比林黛玉还凄凉，却没有等来天天幻想的贾宝玉，以及林黛玉所拥有的那么一段凄美爱情。身患重度"豪门病"的单身女人们，你们赶紧醒醒吧，人家豪门女子与生俱来就有大量的时间、大量的金钱支持人家去忧郁、去彷徨，你有什么？一个月不上班，老爸老妈就会一天几十个电话给你上思想教育课，房东一天能在你的门口徘徊八遍，借你钱的闺蜜每天看到你都摆着一副苦瓜脸，你没有资本就不要继续这样的生活。所以，你必须要坚强，你必须要放得下，你不快乐没有人陪你一起不快乐，你的痛没有人帮你分担，这个世界上最大的依靠就是你自己。

如果用"极度震撼"这四个字来形容来自西安的男嘉宾杨哲，这应该算得上是一个极为贴切的评语了。在登上《非诚勿扰》的舞台之时，杨哲还带来了他的"前女友团"，为他的非诚之旅助威打气。更令人称奇的是，杨哲的前女友们还带来了自己的现任男友，这样气势恢宏的亲友团可谓是，"前无古人，后无来者，念天地之悠悠，雷得人外焦里嫩，翻

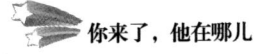

滚不已。"

这样的雷人场面，有多少人能够接受呢？想必不会太多。当然，杨哲的这一做法还是有好处的，比如场面比其他男嘉宾上台的时候要欢乐许多。不过，杨哲的这种做法无异于"自寻死路"，你都前来《非诚勿扰》的舞台上来相亲了，还带着自己的前女友们。

虽然，孟非老师指出："这真是前无古人，后面也不确定一定就再有来者。能和前女友们处到这分上，确实不容易。"

虽然，他的朋友们一再夸他是个懂女人的好男人，"从小就是个情种，很招女生喜欢。还有点早熟，记得从小到大我们都是找他帮我们写情书，写得特别深情、特别感人。"

虽然，他的前女友们都夸他是一个不折不扣的好男人，"是个非常好的男生，都30岁了还没有找到心仪的对象真的很可惜。俗话说，买卖不在情意在，我们也希望他今后能过得幸福。"

但是最终，杨哲还是失败离开了。对于杨哲的失败，用宁财神老师的话来说就是放不下，"你这种做法有点极端，不彻底放下，就没办法拥抱未来。不管你是希望唤起她的注意也好，希望有回应也好，我觉得这对你自己的未来、对她们，都不公平。"

佛说：只要放下，刹那花开，一念放下，万般自在。

在《非诚勿扰》的舞台上，我们看到那些最先迎来爱情的男女嘉宾，都是能够彻底放下的人。他们不再纠结于过去，他们打开心门勇敢地接受现在，勇敢地面对每一个陌生的面孔，最终迎来的牵手的那一刻。

放下，正如张靓颖所唱的那样："我不要继续装傻，刻进骨髓的牵挂，怎么放不下，这条街已然无尽深邃，一场雪，覆盖一切。"如果不放下，最终的结局很可能只是一场徒劳，总有一场无声的大雪会覆盖你所有的过往。

在这个残酷的世界里，女人是天生的弱者，但是你却不能承认你是永远的弱者——就算上苍让女人生来比男人脆弱，但是只要你能够放下心间的所有包袱，时刻告诫自己要做一个命运的强者，那么你就能够成为生活中比男人更强的强者，主宰自己的爱情，主宰自己的幸福。

女人，只有懂得放下，才能有一个光明的明天。

【爱情的芬芳，幸福的滋味】

不管前路多么迷茫，不管未来是不是阴霾，只要你能放下，人生自会处处是晴天。所以，对于每一个在情感之路上磕磕绊绊的女人来说，学会放下，不再让自己处在负能量的包围圈中，就能够等来你向往已久的爱情与幸福——舍弃一棵树，赢得整片森林；舍弃过去，就能赢得未来。

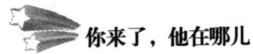

Lesson5.

女光棍不可耻，不改变才可耻

孤独的人是可耻的

这是一个恋爱的季节

空气里都是情侣的味道

孤独的人是可耻的

这是一个恋爱的季节

大家应该互相微笑

搂搂抱抱这样就好

我喜欢鲜花城市里应该有鲜花

即使被人摘掉鲜花也应该长出来

——张楚 《孤独的人是可耻的》

也许，世界上最悲催的女人就是被称为女光棍的女人，因

为她们都是堪比天涯沦落人的孤独者。

什么，这句话太煽情了，什么是女光棍？你到底是不是女光棍？

天呐，单身都单身到快要发霉长毛的你还装作不懂，还死活不肯承认自己就是一个女光棍。有空的话，去问问那些穿着校服背着双肩包走在学校林荫小道上的初中小妹妹，去问问那些课余时间捧着 iPad 发微信和全国各地网友畅谈人生的高中小女生，她们肯定会异口同声地告诉你：年龄直逼 30 岁大关或已经超过 30 岁，一年以上单身经历，至今还看不到一丝结婚迹象的女人就是女光棍！

也许你会大声抗辩：我只是找不到自己心仪的对象，凭什么就称呼我是女光棍？给我送玫瑰花的男人不少，请我看电影的男人排成长队，我怎么就可能被称为女光棍呢？

如果你就是这样的抗辩的，那么恭喜你，大家已经确定一定以及肯定，你就是一名不折不扣的女光棍！因为在中国，只要你满足"年近 30 岁，女性，未婚无男友"的条件，你就会被打上女光棍的标签。

承认现实吧，就算你再把自己幻想得如何清纯动人抑或青春美丽，腹部越来越鼓的"游泳圈"、脸上越来越厚的粉底和眼角的粗线条鱼尾纹已经将你彻底的出卖！更为重要的是，你已经不再像之前那样有自信，遇见跟橱窗里的 Model 一样的高富帅时你可能都不会再像以前一样"迎男而上"去索要电话号码，遇到了自己期盼已久的梦中的情人之时你可能却嗫

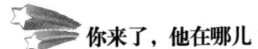

喏着迈不出脚，这一切都充分地证明你就是一名再怎么掩饰也掩饰不了的女光棍！

也许你会说，《非诚勿扰》的舞台上不也站着清一色的女光棍吗？她们不也是经常张口就说自己是女光棍吗？

废话，她们要不是女光棍还报名参加《非诚勿扰》做啥子么？

但是，你也应该认识清楚，你和她们是截然不同的女光棍，就如同世界上的男人是截然不同，世界上的女人也是截然不同的，道理一样样滴。虽然你和她们一样都是恐惧夜晚，恐惧一个人去逛街的单身女人，但是她们却有着截然不同的地方，比如说出现在当红电视节目中的她们总要受到更多男人的关注吧，再比如说出现在当红电视节目中的她们展示自己女人魅力的舞台总要比你更大吧。

所以，对于一个被称之为标准女光棍的你来说，现在你最应该做的就是做出改变，尽自己最大努力去得到更多男人的关注，以及展示自己女人魅力的舞台，而你的努力程度最好能够达到尽心竭力，奋斗不止。不过，在你开始努力奋斗的时候，你还应该先弄清楚自己的女光棍"属性"，如果搞不清楚自己属于哪一类"女光棍"，那么再多的努力也可能是一番徒劳，当你为一个肠胃病患者服用心脏药的时候，你会觉得他的肠胃病会好吗？

（1）普通女光棍：就算自己光棍光到爹妈天天上火爷爷奶奶天天想去跳楼的地步，也绝不冲动，光棍宣言是：哪怕

光到变成老姨妈，也绝不着急嫁人。

毫无疑问，普通女光棍是普罗大众的，她们如此的朴素，如此的平凡，以至于看起来就像一滴滴进大海里的小水珠，毫不起眼，每天早上一起床就被淹没在人群的洪流中。所以，对于普通女光棍来说，要想早日扔掉女光棍这个比男人绿帽子还耻辱的大帽子，就得让自己活得有特点。古语说的好，有棵梧桐树才能勾引来金凤凰，你只有成为一棵把大半个身子挺在人群外的梧桐树，才能够吸引到一个自己内心深处一直想要的那种"有特点的男子"。毕竟，你们也不愿意让自己的爱情生活延续之前那白开水似的单身生活的轨迹，一天到晚看着眼前的那个男人跟自己没多大区别，就像自己对着自己过日子，这样的日子对于任何女人而言都不啻为一种巨大的不幸。

（2）二傻女光棍：几乎没心没肺到人神共愤的地步，从来不为翘首等待自己嫁出去的家人朋友考虑，每天傻乐傻乐地活着，光棍宣言是：我 TMD 的就是这么活着的，谁也别想改变我，我乐故我在。

对于大多数人而言，二傻女光棍都是无害的，基本上还属于对社会有益的那一类人，当然她们的父母亲朋可能不这么认为。她们的神经都很大条，曾有人戏言："二傻女光棍的神经粗得就像拔河用的绳子。"她们整天大大咧咧的，生活中似乎从来没有她们值得为之伤心的事情，就连单身到隔壁小妹妹都当妈妈自己还看不到"脱光"迹象的这种悲催事情，她们也不放在心上。可是，二傻女青年们，你们真的是这么潇洒么？你

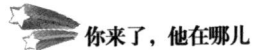

们真的都觉得一辈子守身如玉是件不值得悲伤的事情么？其实，你们也很憎恨单身，更憎恨帖子自己额头上的"二傻"标签。你们要想"脱光"，其实也不难，要不等着遇到同样额头上贴着"二傻"标签的男光棍，要不就赶紧改变自己，换一种活法，只有让自己成为一个"正常人"的时候，丘比特的爱情之箭自然会向你射来。另外，更要有信心，要时刻相信：身为一支2B铅笔，不管涂了多少错误的答案，你的生命中总有涂出正确答案的那一天。

（3）文艺女光棍：她们把日子过得就如同一本精致的手绘插画本，她们是许多男人梦寐以求的绝世红颜，可谁也说不清楚看上去比紧俏商品还有销路的她们为什么就嫁不出去，光棍宣言是：我是一朵如花的女子，我是一滴如水的女子，我是一片如云的女子……

每一个文艺女光棍都有一颗骄傲的心，但是很多文艺女青年也都有一颗骄傲过头的心。她们也许不十分美丽，但她们风姿绰约，她们也许不是很有才学，但是她们蕙心兰质……好了，没有那么多的也许和但是了，简单来说吧，文艺女光棍身上最大的特点就是"只可远观不可近探也"，很多男人都喜欢她们，把她们奉为女神，可就是不敢靠近她们。美丽是你的优势，气质好是你的优势，可是你的这些优势都变成你与男人之间的距离之时，那么这些优势是不是就充满了讽刺的味道呢？所以，文艺女光棍们就必须明白这样一个道理：你把自己活成不食人间烟火的小龙女

或是超凡脱俗的林诗音，那么天底下又有几个男人会是杨过和李寻欢呢？因此，文艺女光棍们要想"脱光"，办法很简单：多给自己一些烟火气吧，别再让那些倾慕你的男人们只敢在梦中向你表白了！

【爱情的芬芳，幸福的滋味】

当你每年 11 月 11 日那天上网血拼，购物购到想剁手的时候，是不是在痛快淋漓之余也感到一丝孤独与暗暗的"忧桑"。如果是，孩子，那就不要先想要不要为购物停不下来而剁手的问题了，而是应该想想自己该怎么不去过这个貌似一直属于你的节日，光棍节！记住，不管自己再怎么无所谓，一个站在青春的尾巴尖上的女人还在过光棍节，那就是一种充满耻辱意味的悲哀。

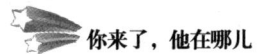

周末小测验·你距离爱情还有多远

（以下小题中选择 a 得 1 分，选择 b 得 2 分，选择 c 得 3 分，选择 d 得 4 分）

1.没有爱情的日子里，空闲时间你都喜欢做些什么？

a.喜欢一个人发呆，喜欢一个人出去散步，更喜欢一个人去看一场电影

b.会和闺蜜一起玩闹，不在乎有没有爱情，反正有闺蜜在就一切都好过

c.总是去参加各种各样的相亲活动，"恨嫁"之情人尽皆知

d.我根本就不想做这道题，因为我根本就没有空闲时间，上班很累啊

2.你是不是总想起学生时代的美好时光？

a.那段人生中最美好的日子我怎么会忘记呢

b.会想起，但必须是有朋友提起才会想起，我也很怀念我的学生时代

c.经常会想起，因为我还没有长大，可能我永远都是一个孩子

d.我根本就不想做这道题，因为我根本就没有时间用来回

忙过去，上班很累啊

3.你老妈是不是现在羞于在人前提起你，老爸也不爱搭理你？

a.我最近越来越烦我妈了，都怀疑我是不是她亲生的，老爸也是

b.还好吧，我一直是父母亲的骄傲，当然这几个月还是感觉情况起点了变化

c.我老妈比较烦，我老爸最近这段时间还跟之前一样，挺正常滴

d.我妈让我去相亲相亲相亲！我爸问我有没有有没有有没有男朋友！上班很累啊

4.你的闺蜜最近好像不怎么待见你了，因为她有男朋友了？

a.有点，小妮子最近有点躲我，是怕我抢走她男朋友么

b.她对我可放心了，像我这种"绝缘体"，根本就是一万个放心

c.好多年的姐妹情就因为一个小白脸给毁了么，我根本就不稀罕他，爱谁谁

d.我根本就没有时间去见闺蜜，因为我每天的事情都很多，上班很累啊

5.你最近对自己的衣橱越来越不满意，怎么里面塞得都是破烂？

a.还好吧，是有一些不喜欢的衣服了，不过还有很多依旧

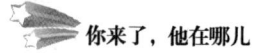

很喜欢

b.是的，感觉自己的衣柜里的衣服太土了，穿出去都不会有小青年给你打口哨

c.我要重新做人，告别过去从告别衣柜开始，我要自信满满地走在大街上小巷里

d.我从上班起就两身衣服，一身衬衫牛仔裤，一身职业装，没空买，上班很累啊

6.最近这段日子，化妆品的档次该升级了，感觉都有点落伍了？

a.挺好的呀，那几个品牌是我多年的经验结晶，我的皮肤这辈子只适用它们

b.是的，文艺女青年变成"土肥圆"，全是这化妆品给害的

c.前两天我刚一狠心一跺脚，拿两个月的工资上淘宝上血拼了一把，再不化妆就老了

d.我根本就不想化妆，但是每天都必须化妆，至于化妆品档次升级，那是别人的事情，上班很累啊

7.是不是情绪越来越不受控制了，总有一种想跟人干仗的冲动？

a.二傻青年欢乐多，最近日子过的马马虎虎吧，没欺负人，也没有被人欺负

b.有点这种征兆了，那些晚上距离我较近的人，小心点，别被我误伤了

c.自从跟那个保洁的阿姨和送快餐的小伙子吵了一架后，心情早已经是多云转晴了

d.我一直很想跟人干仗，可是我 TMD 就是没时间没精力，上班很累啊

8.你最渴望的男神是谁，这辈子能不能有机会成为他的"贱内"？

a.我的男神现在已经快要被我放弃了，姐已经老了，看破了，男神我是不会有戏的

b.还有点希望，不能成为他的"贱内"，那我就给他做备胎，只要他不赶我走

c.姐就是为男神而生的，不过姐也很漂亮，泡他还是有点资本的，因为姐就是那女神

d.什么是男神，神棍中的男人吗？我不敢见，怕晦气怕扣奖金，上班很累啊

【测试结果】

8—16分：你距离爱情的距离还剩下不到五英尺的距离，当然这个五英尺是连上帝也不知道怎么测算出来的，总之就一句话：你距离爱情并不是很远了，孩子，加把劲儿吧！只要不出什么的大意外，比如说火星撞地球，外星人入侵，银河系突然化为一道青烟，那么你等的爱情就已经快要到来了，别扭捏了，准备推开门迎接你的爱情吧。

17—25分：亲，你距离爱情的距离仅剩下不到五微米的

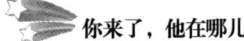

距离了，这个距离已经小到无法阻隔你和你未来的爱人相遇了，既然如此，你为何还不赶快放鞭炮庆祝呢？当然，你和你未来的爱人是不是能马上相遇就得看上帝的安排了，我的意思只是想告诉你：你现在的状态就是为了谈一场恋爱而准备的，简直到了不谈恋爱就天理不容的地步了，就连你走路的姿势也毫不留情地将你出卖——你已经做好了360°无死角的准备工作了，只能等那个有缘人来向你大声地说出"我爱你"三个字了。

26分以上：真的很遗憾，你也许是个温婉动人的女子，你也许是一个甜如蜂蜜的女子，但是真的好遗憾，如果评选"全宇宙最不适合谈恋爱奖"，那你肯定会第一个被选中。孩子，上班很累啊，但是你也需要爱情的慰藉啊，千万别为了工作而一辈子谈不了一场恋爱，那得多苦逼，多悲催啊！孩子，醒醒吧，愿沉迷于工作的你能够顺利自拔！

第二课

遇见对的人就嫁了吧

——那些年的爱情，这些年的成长

我们可能都曾经历过一场刻骨铭心的爱恋，可能都曾将错的人当作对的人，盲目地以为按照手指勾手指的约定就能一直幸福地走下去，直到爱情触礁，直到憧憬的地老天荒变成一夜一夜的眼泪，到头来才终于明白：那些死去的爱情不论让自己再怎么心疼，也都是腐烂的肉，也都是噬骨的恶灵，直到你有一天解开那心头的结，它才不会再让你痛不欲生。

如果，那些年的爱情已经飞过了那片海注定不回来，那么你就必须珍惜今天的遇见：遇见对的人就嫁了吧，其实生活并没有你想象的那么五颜六色，很多时候它都被涂上了大片的黑与白，就是简单的柴米油盐酱醋茶，而真正的爱情也是在一天一天中积累出来的，只有那些在平凡的日子里相处到老的人，才会在蓦然回首间发现，一个人的爱情与生活的色彩度究竟是丰富还是寡淡，完全都是日复一日的平淡中苦心堆砌出来的……

Lesson 1.

遇见爱，坚决要"爆灯"

从第一眼见到你的那一刻起，我就知道你是一个快乐单纯的女生，看似傻傻的却有一颗善良的心，不张扬，不做作，真实地向人们述说着你的幻想，但我却知道，你有些时候会晴转多雨，面对熙熙攘攘的人群，莫名的失落孤单，此时，你一定会躲进自己的小世界里，迅速疗伤，转眼笑容满面，也许就是你这种单纯而透明的快乐，感染到了别人也感染到了我，让你走进了我的心里，你说你需要一个正直善良的拥抱，不顾一切地将你温柔豢养，与你的幻想有所差异，因为此时此刻，没有豪车，也没有白马，更没有七色的云彩，只能用一种简单的方式，来向你表达我的心意，五朵，无论你愿不愿意，都已经成为我第一个追求的女生，我的肩膀会是你最温暖的依靠吗？

——杨成杰对刘五朵的表白

如果，你没有令她心动，那你就第一时间行动。

女人是一群天生的编剧，她们总是喜欢在自己的心里编故事——她们会在心里为自己编写一部感天动地的爱情大戏，男主角都有着帅气的面孔、雍容的气度以及超凡的质感，而故事里的女主角都天生的幸运儿，不管要求什么，不管做错什么，男主角都会竭尽全力地去完成她们的愿望，有平淡如水，有惊心动魄，总之是一部奥斯卡最佳导演也拍不出来的故事。

事实上，这样的故事不但没有人能拍出来，现实中也往往找不到那样一个十全十美的男主角——没有男人来配合你演这场戏，你命中注定是独角戏里的主角，包围你的只能是孤独，而不是你日日夜夜所臆想的玫瑰花与温软的情话。

所以，你就别再犯这样的错了，没有哪个男人愿意随便陪你去演戏，你费尽心机找来的男人可能只是男猪脚而不是男主角——如果有一天你遇见了一个令你心动的男人，那么就不要再迟疑，不要再挑三拣四，而是坚决去行动。

《非诚勿扰》的舞台上从来不缺女神，她们有着美丽的容颜和令男人们为之疯狂的气质。而"萌神"刘五朵无疑是众多"非诚女神"中最令人印象深刻的一个，她虽然没有其他"非诚女神"身上的那份矜持，但是性格外向活泼的她还是受到了很多人的欢迎，尤其是在她微笑时露出的那两颗大门牙，使得她看上去就像漫画中的精灵少女一般可爱，再加上她还

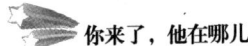

是一位一次恋爱都没有谈过的 90 后在读大学生，这更让她成为了男人心目中的"最萌女神"。

正因如此，在《非诚勿扰》的舞台上，有很多的男嘉宾专程为刘五朵而来。但是，坚持自己内心选择的她却拒绝了很多的优质男嘉宾，因为她一直渴望能够找到一位爱她的邻家大男孩，"大学的时候会想男生喜欢什么样的女生，是贤良淑德的白娘子，古灵精怪的黄蓉，深沉莫测的李莫愁，还是傻呆呆的我自己，一直坚持真我的'五朵'，结果成了路边无人问津的'小草'，在成为女博士之前，我迫切想找个男朋友，他要像个邻家大男孩，在他面前我可以放肆地咧嘴大哭大笑，大口吃肉，大声唱歌，没有伪装猜疑，没有孤单寂寞，有的是幸福满满的刘五朵。"

拒绝了很多优质男嘉宾之后，电视机前的观众们都开始议论，刘五朵到底能不能等待她所期盼的那个邻家男孩，她会不会为一个男嘉宾爆灯？就在电视机前的观众们猜测议论之时，刘五朵很快就给出了她的答案——遇见爱，坚决要爆灯。

男嘉宾杨成杰是一名不错的原画设计师，也是一个从大学时期就习惯被女生追且从未主动追过女生的魅力男孩。杨成杰一站上《非诚勿扰》的舞台，"萌神"刘五朵就被其打动了——"五朵，无论你愿不愿意，都已经成为我第一个追求的女生，我的肩膀会是你最温暖的依靠吗？"

　　有时候，爱情就是一场际遇，如果你不赶紧伸手抓住，它就会悄然流逝在岁月的长河里，最终留在你掌心中的只是苍白的遗憾。

　　在现实生活中，很多的女同胞在遇见爱时却迟迟不去"爆灯"，并不是她们不够勇敢，而是源于内心的"贪念"，她们总是觉得明天还可能遇见更中意的人。可事实上，她们很少有人能够遇到更中意的那个人——上帝赐予我们的这场遇见，往往就像春天树枝上萌发的蓓蕾一样珍贵，你若不珍惜，它便随风而落。

　　所以，当爱情的花朵在我们的面前绽放之时，我们一定要停下脚步去采摘，错过了这朵花，下一朵就不知道何年何月还能够绽开。

　　所以，当花朵在你的掌心中吐露出芬芳，这芬芳已经沁入你的内心世界之时，那就千万不要轻易松开你的手。

【爱情的芬芳，幸福的滋味】

　　世界上没有女人不喜欢被男人追，当然那些心里只装得下女人却装不下男人的女人不在这句话所包括的范围内。对于一个女人来说，遇见一个让自己小心脏怦怦直跳的男生是很不容易的事情。但人世间最困难最值得女人们动容的事情却是，有一个男人为你而来。面对这个为你而来的男人，如果你确定你也为他心动，那么就不要再犹豫了，也不要管他的脚下是不是还踩着五彩的祥云，只要他是真心实意，这就

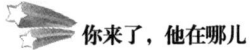

够了。所以，当女人们在遇到那个真正喜欢自己且自己也为之心动的男人之时，最明智的选择就是坚决要"爆灯"，坚决不错过。

Lesson 2.

不要活在痛苦的阴影里：我们都曾爱过不值得爱的"人渣"

现在，很多人依然记得聂小倩和宁采臣在电影《倩女幽魂》中所说的那句经典台词："当天还是那么蓝，云还是那么潇洒，你就不应该哭，因为我的离去，并没有带走你的世界。"

关于聂小倩和宁采臣的爱情故事，不用再多赘述，因为这已经成为了家喻户晓的经典爱情戏。然而，在这纷纷扰扰的红尘世界里，很多的女人却将自己当作聂小倩，总是不停地对生活进行臆想，甚至总是活在自己曾经爱过的"人渣"给自己的阴影里——亲，你把你想象的再美好，那些"人渣"终究只是"人渣"，就算拉布拉多犬都能进化成为哲学家，他们也一样是你生命里的"人渣"，不管你对他的爱有多么炽热，他们只是你生命中的那面黑暗的墙，你若是撞不倒这面墙，那么你一辈子都得生活在黑暗中，生活在"人渣"给你的痛苦阴影里。

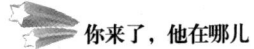

　　你要记住的就是：离开"人渣"之后，天空还是一片蔚蓝，云朵还是那么洁白，珍惜自己的眼泪，只为最疼爱自己的人而流，千万不要因为"人渣"的离去而觉得自己失去了整个世界。

　　肖念儿曾说："我这辈子最后悔的事情就是爱过一打儿"人渣"，我这辈子最得意的事情就是我老公一直很疼我，按照目前的迹象，我老公会一直疼我下去，直到我死或者他躺进棺材里。"

　　关于我的朋友肖念儿，每一次想起她或见到她，我的脑海里最先闪现出的一个词就是——奇葩。事实上，不光在我的眼睛里肖念儿是一个奇葩，我们很多朋友聊起肖念儿的时候都先想到奇葩这个词。

　　汶川 5·12 地震那一年，街头小太妹肖念儿正好在成都一家酒吧做调酒师。大地震发生的那一刻，肖念儿正在酒吧里听一个老男人对着自己指天发誓，说着山盟海誓的话。突然之间，一阵剧烈的眩晕感传来，紧接着就听见有人大喊地震了，还没有等肖念儿回过神来，那个老男人已经用堪比光速的速度逃离了酒吧。等肖念儿回过神来，她没有想到逃命，而是整个人都气炸了，那个看上去极度成熟极度稳重极度有绅士味儿的老男人，竟然就像那样没有绅士风度地逃走了。为此，肖念儿在地震后的半年里，一看到那些成熟男就会低声骂"人渣"，胸中瞬间有一万只草泥马狂奔而过，并给那个

弃她逃命的老男人起了一个还算绅士的外号，"劣质绅士"。

其实，在那个"劣质绅士"给了肖念儿刻骨铭心的痛苦记忆之前，还有很多的男人给过肖念儿同样沉重的记忆，比如说那个有着一副英俊面孔的星级酒店大厨，比如说那个浑身上下散发着一股子儒雅味道的时尚杂志主编，比如……然而，总之，在经历"劣质绅士"之前，肖念儿所经历的那些男人和"劣质绅士"一样，都是肖念儿嘴里恨得要死的"人渣"。

其实，那些男人，不光在肖念儿嘴里是"人渣"，他们本身也是不折不扣的"人渣"。比如说那个英俊的星级酒店大厨，他不但和很多肖念儿好，还跟很多年轻貌美的女服务员有说不清道不明的关系；比如说那个儒雅的时尚杂志主编，他倒是没有那么多乱七八糟的男女关系，可是他却是一个有着严重暴力倾向的男人，肖念儿与她在一起一年半，中间住了四回院，几乎是刚出医院又进医院……令人想不通的是，肖念儿几乎每一次和"人渣"分手后，都有很长一段时间生活在"人渣"给的痛苦阴影里。

可是，奇迹最终还是发生了，肖念儿在经历了"劣质绅士""弃逃事件"的一年之后，却突然看开了，她突然在一天深夜里给我打电话，说她要放弃过去，重新去生活，然后还没有等我回话她就挂断了电话。深夜接到女人电话，语言还是如此的不同寻常，这让我媳妇儿罚我跪了大半夜的搓衣板儿。但这一次，我认为我跪的很值，因为肖念儿学会了不再为"人渣"而痛苦，后来她还遇到了几个"人渣"，不过她还

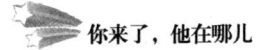

是遇到了她现在的老公，那个可能会疼她疼到死的男人。

我跪搓衣板的那个夜晚，肖念儿还发来了一条短信：与其生活在"人渣"给你的痛苦阴影里，还不如不停地去遇见，总有一天会遇见那个踩着七彩祥云来娶我的人。

真不够哥们儿，那天凌晨的阳台上冷风飕飕地刮，只穿着背心短裤的我跪在搓衣板上，看着手机屏幕一边默默流泪一边儿笑。

高三毕业那年，我十七岁，考上了北京的一所名牌大学的同时，放弃了与我青梅竹马三年的高中初恋，因为她的学习成绩很一般，我觉得我未来将属于北京，我会有一个与普通人不一般的生活。

那一年，我确定我活得很像个"人渣"，不，那一年我就是个"人渣"。

那一年，我有一个美丽活泼的女朋友，我放弃了她，她的名字叫做肖念儿。

这是不知道曾经在哪里看到过的一个故事，故事中"我"曾干过一件"人渣"才会干的事情。故事中的"我"也非常幸运，因为"我"还有一个赎罪的机会。当然，故事中最幸运的人当属肖念儿。肖念儿能够从"人渣"给的痛苦阴影中走出来，并成为一名天底下最幸福的女人，是因为吃了太多堑才长了这么"一智"。

在我们的周围，放眼望去，有过类似肖念儿这样复杂经历的女孩儿却不少，她们吃了太多的堑却没有能够像肖念儿

那样长"一智"。如果你也是这样的女孩儿，那么我会在同情你的同时大声地喊道："你丫傻啊，遇见"人渣"了还一副死猪等着开水烫的痴心不改样子，你活该啊么？你要再这么继续将自己的愚蠢赤裸裸地展现每一个认识你的人面前，你的命运结局不是被"人渣"们坑死，就是被亲朋好友们的口水淹死或被四面八方飞来的臭鸡蛋给砸死。"

在《非诚勿扰》的舞台上，我们也能够看到很多很多女嘉宾也喜欢将自己曾为爱"人渣"而心有不甘的痛苦经历说出来，将自己曾经受到过的伤害赤裸裸滴暴露在全国观众面前。可是呢？从她们站上《非诚勿扰》的舞台的那一刻起，她们已经告别了昨天，告别了那些曾让她们依依不舍或心有不甘的"人渣"们，她们撞破了"人渣"们给她们的那面黑暗的墙，勇敢地站在了聚光灯下，等待着令她心动的男人将她牵走。

她们，终将像肖念儿一样迎来一个疼她到永远的男人。

那现在，你该怎么打算呢？

【爱情的芬芳，幸福的滋味】

爱情里有伤感，爱情里有遗憾，不是每一个人都会拥有王子和公主的童话爱情。即便就是童话里，也只是说王子和公主开始过上了幸福甜蜜的生活，并没有说王子和公主就此一直都幸福甜蜜。所以，女人一定要时刻铭记：水做的女人，往往为爱情流尽了眼泪，可是你的爱情是为"人渣"而流，那么你哭瞎了双眼也没有人同情你。

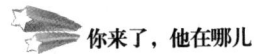

Lesson 3.
相遇不易，一旦错过，悔一生，恨一生

　　就算你把他的名字刻在三生石上面，这辈子你也可能遇不见他。因为，茫茫人海中，任何人错过的人都要比他认识的人多——你把他的名字刻在了三生石上面，可你想过没有，他有没有也将你的名字刻在三生石上面？当你在三生石上面刻下他的名字之时，会不会同时也有一万个女人将他的名字刻在三生石上面？

　　好啦，好啦，你先别哭，当然也不会有一万个女人这么多，如果世界上真有能令一万个女人愿意将他的名字刻在三生石上面的男人，上帝也不会让他存在的，因为上帝也是男人啊！不过，你会错过他这件事情却百分之百会发生的，就算是从同一棵大树上生长出来的树叶，在大风吹过后，那些相邻的叶子也几乎甚至完全可以说不可能落在同一个地方。

　　所以现在你应该明白：能够遇见一个人是一件多么不容易的事情了。正如那句古语中所说的那样，"百年修得同船渡，千年修得共枕眠。"

　　如果有一天，你遇见了一个跟你臭味相投的男人，你们都是那种喜欢在大街上一逛就逛到到时针在表盘上转一圈的人，你们都是那种喜欢待在窗外车水马龙窗内世外桃源的图书馆里的人，你们都是那种喜欢背上背包马上去开启一段旅程的人……那么，你就不要再犹豫了，赶紧和这个臭味相投的男人牵手在一起吧，就算父母反对，你都应该做好和他一起私奔的打算。

　　说句文绉绉地话，错了他，你终究会明白一旦失去这样的一场遇见，会迎来一场多么痛的领悟：相遇不易，一旦错过，悔一生，恨一生。

　　罗莉娅，一个来自古巴的年轻女孩子，在北京做一名幼儿英语老师。

　　罗莉娅刚登上《非诚勿扰》的舞台的之时，并没有引起太多人的关注，因为她并不像郑孝美、叶莲娜等"外籍女神"那样有着姣好的面容，没有十分惹眼的相貌，谈吐也不如一些喜欢出风头的女嘉宾那样"咄咄逼人"。

　　通常来说，站上《非诚勿扰》舞台的外籍女嘉宾大多数都希望牵手一个中国男人，毕竟对她们来说，找个外国人做男朋友要比找个中国人做男朋友简单多了。可是，罗莉娅却偏偏做了那个少数中的那一个，她选择了来自伊朗的赛多。两个来自不同国家的在同一时间段都生活在中国，也在同一时间段里相遇在《非诚勿扰》的舞台上，他们终究没有让他们错过，他们终究没有给他们悔一生恨一生的机会。两个从两个不同国度走来的人相遇在《非诚勿扰》的舞台上，不同的文化习惯，不同的生活理念，都没有成为他们之间阻碍，他们最终浪漫牵手。

毫无疑问，这场遇见无疑是浪漫的。应该说，罗莉娅是一个非常清楚自己想要什么的女人，她知道遇见那个让自己心动的男人多么不易，所以她没有让这场遇见变成一场错过，而是将这场遇见变成了一个改变自己未来生活轨迹的新起点。

罗莉娅，无疑也是一个非常聪明的女子。

看着罗莉娅和赛多幸福牵手，我们是不是也同样心生感慨：假使有一天我能在异国他乡遇见能和自己幸福牵手的人，谈上一场浪漫甜蜜的异国恋，应该也算是人生中最幸福的一件事情。

很多时候，我们都能清楚地解释清楚，自己为什么会在第一次见到某些人的时候就心生反感，但我们很多时候却无法解释清楚自己为什么会为一个人心动，为什么会和一个从未谋面的异性一见面就擦出爱的火花。也许，每每这个时候，你脑海中唯一能够闪现出的答案就是缘分两个字。

缘分，这个词永远绽放着动人心弦的光芒，永远是那么

令人心动，很多感性的人一旦碰到这种情况，他们都会以愉悦的心态去说服自己，自己想要的就是面前这个人。而那些理性的人或者自诩为理性的人，在这个时候就会吃亏就会栽跟头，总是想着再等等，再看看，结果是等自己看清楚了，觉得妥妥了的时候，缘分早已消散在时光的长河里了，留给你的只有那风，一股子吹得你心烦意乱的风。

所以，当缘分这个词在你的脑海里闪闪发光之时，你就应该坚定地做个有神论者：这一定是上苍的恩赐，若不接受必然有辱神明，必然会遭受上苍的惩罚，就算是砸锅卖铁，就算是山无棱天地合，你也要坚决地伸出爱的触角向他发出求爱的电波，最后即便发现这是一段孽缘，这辈子你也无怨无悔——被葡萄酸过，也胜过一直在葡萄树下说葡萄太酸，没吃过葡萄就说葡萄酸的狐狸，往往都是心有不甘的狐狸。

【爱情的芬芳，幸福的滋味】

过了这个村就没有这个店了，很多时候遇见合适的人也是这样。所以，亲们，面对缘分之时，就让我们情不自禁地唱起来吧：该出手时就出手哇，风风火火爱一场哇，（嘿嘿嘿嘿爱一场哇）说爱，咱就爱哇，你爱我爱全都爱哇（嘿嘿嘿嘿全都爱哇）遇见缘分一伸手哇，没准儿就会有收获哇，只要咱都爱得起哇，缘分面前有幸福哇，我是一个幸运妞哇（嘿 嘿嘿哟嘿嘿 嘿 嘿嘿哟嘿嘿）。

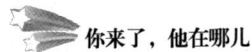

Lesson 4.

你想尝尝小吃，我愿意为你走遍名街古巷

我无力抗拒，特别是夜里

想你到无法呼吸

恨不能立即，朝你狂奔去

大声的告诉你

愿意为你，我愿意为你

我愿意为你，忘记我姓名

就算多一秒，停留在你怀里

失去世界也不可惜

我愿意为你，我愿意为你

我愿意为你，被放逐天际

只要你真心，拿爱与我回应

——引自天后王菲的歌曲《我愿意》，词作者姚谦

关于王菲的这首《我愿意》，相信有很多的人一定记忆深刻，在青春洋溢的轻狂岁月里，在无数因失恋而失眠的暗夜里，这首歌的旋律曾响彻心间。然而，比这首经典的《我愿意》更感人的"我愿意"，却是《非诚勿扰》舞台上的男嘉宾卢笛的表白。

卢笛，来自甘肃兰州的西北帅小伙儿，一张斯文气的脸，一身笔挺的西装，举止儒雅有礼，学历与家庭背景都非常不错，登上《非诚勿扰》的舞台之后便被称之为"国民女婿"，网友纷纷说他是中国丈母娘们最中意的女婿。

在《非诚勿扰》的舞台上，卢笛专程为了"小周迅"刘津杉而来。他从在电视上第一眼看到刘津杉起就喜欢上了这个精灵般的女孩儿，渴望着有一天能够向自己心中的"女神"进行一番表白。恰好，卢笛的父亲就是一位超级"非诚粉丝"，其从节目开播的第一期起就开始记录嘉宾们的故事，他相信像儿子卢笛这种优质男嘉宾一登上《非诚勿扰》的舞台肯定会大受欢迎，于是便给儿子报了名。

就这样，卢笛站在了《非诚勿扰》的舞台上，站在了自己一见钟情的"女神"刘津杉的面前。望着自己心中的"女神"，卢笛动情地说："你说你经常失眠，我愿意为你在每一个失眠的夜晚，温上一杯牛奶；你说没有人对你说过'别担心、有我在'，我愿意用我的肩膀为你担起生活路上一切艰辛。如果你想享受高雅，我愿意为你打着领带，准备烛光晚餐；如果

你想体验平凡，我愿意为你围上围裙，买菜做饭；如果你想尝尝小吃，我愿意为你走遍每一条名街古巷；如果你想品位浪漫，我可以为你点起烟花，大喊我爱你!"

卢笛说完这番感动每一位观众的话后，又接着拿出了他特意亲手做的礼物，一套麻将巧克力送给未来的丈母娘，因为他听说刘津杉之前为妈妈做过麻将蛋糕……坐在场边的宁财神看到这一幕后直接大呼："一看就是个好女婿样，丈母娘肯定非常喜欢这一款!"

不过，非常遗憾的是，刘津杉最终却拒绝了卢笛——她拒绝了那位甘愿为她做任何事情的男嘉宾，也许她会在以后的日子里偶尔想起他，可是当她在想起他的时候，他可能已经成为了别人的丈夫，正系着围裙为别的女人准备早餐。

也许，正是因为错过了卢笛，错过了这场难得的遇见，刘津杉在已经灭灯的情况下还是为坚持选择她的男嘉宾伸出了手。

也许，正应了那句老话儿，只有错过，才懂得珍惜。

只有错过，才懂得珍惜。

这领悟，往往很痛，打个简单的比方来说，你小时候第一次知道热粥是会烫舌头的，肯定是挨了烫之后才知道的。然而，热粥烫了的舌头过会儿就会好，热粥过会儿也会变凉可以接着喝。但是，那些在被吹散在风里的感情，那些消失在茫茫人海中的背影却是再也找不回来的。

女同志们，如果有一天你们也会遇见那个当你想尝尝小吃他就愿意为你走遍每一条名街古巷的男人之时，千万不要轻易就放弃他，错过了他，你可能就错过了一生的幸福。当然，你会说你以后可能还会遇见更优质的男人，但是你确定你会像刘津杉一样幸运么？可能还会遇见更优质的男人的另外一种可能就是：你以后可能再也不会遇见这么优质的男人了。

既然如此，你又何必总是像一只独自飞舞的蝴蝶一样，在百花丛中不停穿梭却不找一朵漂亮的花、一段坚固的树枝落下来呢？

有时候，幸福就在你落下来的那一刻汹涌而至。

【爱情的芬芳，幸福的滋味】

经过生活的消磨，趟过情感之路的崎岖，现在的你还以为你是上帝捧在手掌心的宠儿吗？孩子，醒醒吧，天上从来不会掉落免费的馅儿饼，面对芸芸众生的上帝老头儿也不会独独把你视作宠儿，何况上帝老头儿又不是你"干爹"！所以，面对肯给你体贴、温馨、安全感和浪漫的好男人之时，就赶紧伸手一把抓住吧，错过了，你可能就会陷入后悔的深渊里，最后落得一个"为他消得人憔悴，堪比黄花瘦"的悲惨结局。

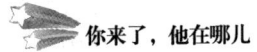

Lesson 5.
没有什么比勇气更重要，所以我愿意试一下

亲爱的歪歪：

当我写下这封信的时候，你整个人睡的像一头泡在开水锅里的死猪，满头大汗，嘴角还流着哈喇子，而你的脚丫子此刻此刻此刻正 TMD 的放在我的枕头上。我想不用我再复读一遍，你应该知道你的脚丫子有多臭。但是现在我却并不想摇醒你，也不想一脚将你的臭脚丫子踹到一边去，很喜欢看你就这样静静地睡着，一脸的幸福，就像这时候我心底荡漾着的幸福一般。

我一直相信我们都有着同样的心跳节奏，我们都能够感受到彼此的幸福。从你第一次叫住我哆哆嗦嗦着把小纸条塞进我手里，从我第一次坐在床前的台灯下睡不着想着你开始，我相信我们就开始成为彼此生活中最不可或缺的一部分。当

然，对于你今天晚上和我拌嘴时间长达十五分钟这件事，我现在依旧耿耿于怀。我要说的是我现在还很生气，不过想想你对我的好，我就等消化胸中的这块"气团"再睡觉。

歪歪，从相识到恋爱，从恋爱到结婚，我一直都很感谢你，感谢你有那么的大的勇气，以一个纯度百分百的屌丝身份成功泡到我这个虽不是白富美但却很精致的女人。哈哈，仔细想想，如果你当年没有勇气坚持追我的话，也不会有我们现在这个幸福美满的小家庭。

歪歪，真的希望你永远能保持那份可贵的勇气，不管未来的道路多么难走，我都希望你是一个勇士，带着我走过夏天、走过秋天、走过人生的每一季。而我，会永远紧紧地拽着你的后衣襟跟在你后面。

歪歪，现在的我已经习惯了你的好，好怕你有一天丢掉我，到时候我连整个世界都不习惯，因为早就被我当成了全世界——这，可能永远不会发生。

爱你的老婆大人小爽

这是一个深交多年的网友贴在自己 QQ 空间里的信，第一次读到的时候非常感动。而在现实生活中，第二次感触到这种感动的时候则是在《非诚勿扰》的舞台上看到刘桃绫和男嘉宾马立东幸福牵手的那一幕。

"主播范儿女神"刘桃绫一站上《非诚勿扰》的舞台，马上就成为了众多男人们为之心动的女嘉宾。可是，在她拒绝了很多位看上去与她很配的男嘉宾之后，很多人都说她的身上包裹着一层厚厚的壳，既不会为那些感人的表白而动容，也不会马上为某位刚刚上场的男嘉宾而动心，看上去很"女神"范儿，但隐隐中却显得有点没有勇气。

其实，身上覆盖着一层厚厚的壳的刘桃绫并不是不会为男嘉宾心动，她只是在等待，等待那个他为她心动而她也愿意勇敢地去面对他的男嘉宾。毫无疑问，刘桃绫是幸运的，她终于在《非诚勿扰》的舞台上等来了自己要等的人，那个专程为她而来的男嘉宾马立东。

马立东上台之后，就真诚地向刘桃绫表白道："刘桃绫，在来之前呢，我亲手为你做了一样东西，这是一根针。你的心被一个椰子壳包着，我想用这个针呢，把你的这个椰子壳撬开，只需要这么一点点，只需要一个针尖的距离，我希望我能把你带出来。这根针代表着真爱，中间的桃心上面有你的名字和生日；如果哪天我惹你生气了，你可以用这根针扎我。我在北京，你在重庆，我们领导特批了，如果我们牵手成功了，就立马把我调去重庆分公司。"

马立东说完这番话后，全场的目光都聚集在了刘桃绫的身上，很多电视机前的观众都开始猜测她如何拒绝马立东，因为她之前拒绝过很多看上去各方面条件比马立东更好的男嘉宾。然而，出乎很多人意料之外的是，刘桃绫却给出了"我愿意试一下"的答案。

在听到刘桃绫的答案后，坐在节目嘉宾席上的宁财神高兴地说道："好开心，而且好意外，我没想到她身上的壳这么快就被敲碎了！"男嘉宾马立东的母亲也走上了台前，一脸真诚地对刘桃绫说："桃桃，我们一家人都特别喜欢你，我以后一定会把你当亲闺女一样。"

一段美好的故事，就此温暖地展开了……

看着三个人一起幸福地从舞台上走下去的背影，那温暖的场面让很多现场的观众和电视机前的观众都湿润了眼眶。毕竟，这样温暖的场面，这样比山盟海誓更感人的爱情宣言，这样在对的人出现之时勇于选择的表现，对于绝大多数人来说都很少看到。

姐妹们，不论是幸福的小爽与歪歪，还是在电视银幕上牵手成功的刘桃绫与马立东，他们的经历都向我们展示了"勇气"这个词。在当前这个物质水平急速发展的社会新时期，男男女女往往因为房子、工作、学业等问题而累得焦头烂额，内心极度渴望爱情，希望马上能够在这纷纷扰扰的尘世中找到属于自己的爱情，可是大家却总是缺少勇气。

从小刻苦发奋从遥远偏僻的小山村飞出来的"凤凰女"总是担心自己背景不够好，从小生活在优渥环境中的富家女却害怕自家的高门槛给男方带来很大的心理压力，而那些家庭条件不算大富大贵但也不算太差的女孩儿则是想找个高富帅吧又怕对方嫌弃自己家庭背景不够好，找个和自己差不多

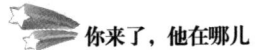

的吧却心有不甘。

姐妹们，其实在追逐爱情的旅程中并没有太多需要你去担心的东西，那些担心不过是一种多余，是杞人忧天罢了。所以，你最需要的做的就是鼓起勇气去追逐你想要的爱情，没有勇气，再多的单相思也换不来一份天长地久的浪漫爱情，你能得到的只能是日复一日年复一年的形单影只。

爱，就勇敢地去追逐吧——赢得爱情从来都离不开勇气这个必要条件，因为勇气能够让你跨越时间和空间的阻隔，让你最终徜徉在爱情的海洋里。

【爱情的芬芳，幸福的滋味】

一旦爱上一个人，我们的人生就不再那么纯粹，害怕相聚了会分离，害怕幸福在自己面前打个转又迅速地消失不在。姐妹们，这有啥大不了的，有道是，车到山前必有路，船到桥头自然直，爱一个人就勇敢去爱吧，至于以后发生了什么事情以后再说，地球是圆的上帝是万能的，只要你敢于直面未来，幸福就可能会在未来的某一天来到你的生活中，找爱情，找男人，同样如此。

周末小测验·你的嫁人的希望有多大

（以下小题中选择 a 得 1 分，选择 b 得 2 分，选择 c 得 3 分，选择 d 得 4 分）

1.有一天你走在大街上，看到一对幸福的小情侣走过，你会？

a.真令人羡慕，好希望也有个男人一直挽着我的手

b.还行吧，不是很羡慕，满大街都是情侣，我何苦要跟自己过不去呢

c.我相信我也马上会加入到他们的行列中的，单身不会太久

d.诅咒他们，老娘只有嫉妒和恨，压根就没有什么羡慕，老天爷待我太不公平了

2.如果有人突然送你一束玫瑰花，你会？

a.哇，好可爱的家伙呀，竟然会送我一束玫瑰花，一定接受

b.会感谢他，但是接不接受还得看我喜不喜欢他

c.接受，他未必是适合我的人，但是我现在不会轻易拒绝送我玫瑰花的人

d.为什么要突然送我玫瑰花，是觉得我没有人追吗？我不稀罕

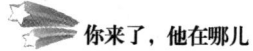

3.有一天你发现自己多年以前收到的那些情书都泛黄了，你会？

a.好心痛，这里面有我的青春记忆，以及心头久久不愿抹去的那个他

b.有点忧伤，时间那么长了，记忆也都泛黄了

c.没关系，我还会收到新的情书的，老了的就让它老去，旧的不去新的不来

d.就这样吧，早就没有啥意义了，趁早烧了吧，别浪费抽屉了

4.看到同事在办公室晒自己的婚纱照，你会？

a.好希望自己的那一天能早点来，现在的我超级想做一个漂漂亮亮的新娘子

b.会恭喜对方，然后定下目标，开始为穿上婚纱照做准备

c.没有太多感触，觉得自己还不老，玩两年结婚也不迟

d.晒什么晒，那么丑的照片还好意思拿到公司来，是通知我们准备份子钱么

5.遇到了一个符合你各项标准的男孩子，但老妈不看好，你会？

a.太伤心了，这么多年终于遇到一个自己心动的，老妈那一关却过不了

b.没关系，又不是给老妈找对象，不行就先结婚后通知老妈

c.不行就听老妈的，毕竟她走过的桥比我走过的路都多，没准以后还能遇到更合适的

d.他是很符合我的各项标准，我妈不同意他就不能努力争

取吗，这种男人不靠谱

6.最近这段日子，你是不是越来越喜欢听伤感的情歌了？

a.有点啊，不过还好，心情还算不错

b.是的，总是感觉日子一天一天过，自己一天一天老去，还没有嫁出去啊

c.特别喜欢那些凄美的歌词，感动的我总是想哭，却不愿按下停止键

d.我一直都喜欢听伤感情歌，听了好多年了，感觉歌声比人心温暖得多

7.你有多长时间没去淘宝上血拼了，又有多长时间没逛街了？

a.一提到这个话题就伤心，貌似最近我就没有剩下多少银子，信用卡都刷爆了

b.半个月吧，一方面舍不得银子，一方面觉得没啥必要，就这样往下走吧

c.一两个月了吧，不过还好，化妆品闺蜜送，衣服老妈买，我只负责找对象

d.看到这种问题就无聊，我消不消费谁也管不着，心情好的话就狠狠地消费一回

8.前男友突然给你打来电话，要求再续前缘，你会？

a.其实，有时候我还会再想起他，可是我又很怕回到过去，纠结，不知该如何是好

b.大家还是朋友，但以后也只会是朋友，还想再续前缘，下辈子再说吧

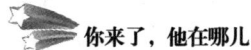

c.不会去搭理，既然已经分手，既然已经陌路，何苦又重新苦恼一回呢

d.这贱人还想再祸害我一回呀，你以为我傻啊，老娘现在已经是百毒不侵了，小样

【测试结果】

8—18分：要想嫁人的话，你还有很长的一段路要走，因为你身上还有太多不适合结婚的小毛病。当然，这些小毛病也都是真真正正的小毛病，并不是什么疑难大病，只要你能够马上摆脱这些小毛病，那么你就会很快把自己嫁出去。当然，你也可以不用改，可以专心致志地等待那个踩着七彩祥云还能够完完全全包容你的男人出现，只不过，只不过，他的出现估计很漫长，有可能经历好几个世纪。

19—26分：现在的你就像一颗熟透的果实，等待着有缘人前来采摘。所以，你现在的嫁人指数可谓是很高呀，这时候的你千万别乐过了头（前提是你愿意出嫁、捉急出嫁），因为你嫁人的指数是很高，但是你命里注定要经历一番挫折（神马？你说这句话像街头算命大哥说的话？），好吧，我给你唱首歌吧：婚姻不是你想要，想要就能要，但是你现在若想要，可能也很好要……神马，唱得不好，那你就别听了，赶紧坐轿子嫁人去吧！

27分以上：真的很遗憾，你也许是个温婉动人的女子，你也许是一个甜如蜂蜜的女子，但是真的好遗憾，如果评选

"全宇宙最不适合谈恋爱奖",那你肯定会第一个被选中。孩子,上班很累啊,但是你也需要爱情的慰藉啊,千万别为了工作而一辈子谈不了一场恋爱,那得多苦逼,多悲催啊!孩子,醒醒吧,愿沉迷于工作的你能够顺利自拔!

你来了，他在哪儿

十二堂婚恋幸福课

《非诚勿扰》给女人的

第三课

别再戴着面具谈恋爱

——活出真性情，女汉子也有春天

烟花易冷，圆月易蚀，爱情更容易失去光泽。

能不能遇见好男人靠的是运气，而能不能抓住好男人则靠的是本事——走马路需要遵守交通规则，谈恋爱更需要遵守情感规则，你若戴着面具，别人就不会以真面目示你。可令人叹息的是，在这个上床比上网容易滥情比烂泥更多的年代，很多女人在恋爱中却总是戴着面具，遮遮掩掩，躲躲藏藏，怀抱琵琶半遮面，以为这样就能吊来金龟婿，结果却是婚恋的道路一直无比坎坷，甚至在背后被人指为"X茶婊"。

所以，如果你是女汉子而不是萌妹子，那也没有什么好担心，只要能够活出真性情，你的爱情春天就将悄然来临……

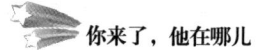
Lesson 1.

你是公主，可也是个女人

都说女人是公主，出生以后有老爸这个上辈子的情人疼着，长大了以后有这辈子的情人宠着。可是，为什么有那么多的公主都到了睡一夜起来眼角的鱼尾纹能增加好几万条的年纪，却迟迟找不到那个该早点出现接替老爸去宠着自己的"这辈子情人"呢？

要回答这个问题，应该先解决这样一个问题：女人究竟是一种什么样的生物。

女人究竟是一种什么样的生物，这是个从女人诞生起就很难回答的问题。

弗洛伊德曾经感叹道："虽然我花了三十年的时间去研究女性的灵魂，但是有个问题至今依然令我无法做出回答：女人到底渴望得到些什么？"

俄国文学家契科夫说："女人就是个猜不透的谜。"

著名女作家冰心说过："如果世界上缺少了女人，就缺少了十分之五的真，十分之六的善，十分之七的美。"

现在看来，谁要能解开这个问题的答案，不但能成为极为出色的生物学家，还能够成为极为出色的哲学家。可令人遗憾的却是，自从盘古开辟地以来，经过全人类千百年的研究推算也依然没有出现这样一位伟人——这人要出现了，孔子、老子、苏格拉底、黑格尔、亚当·斯密、牛顿、爱因斯坦这些人都只配给他提鞋，因为他成功地弄清楚了女人的问题，弄清楚了女人的问题男人的心情就好了，火气就不会那么大，战争也就不会那么多了，各种危机也就濒临消失了，到时候就会产生一个和平且和谐的世界。

既然，这个问题谁都回答不了，那么还是换一种思路重新思考思考公主们该怎么办吧。换一种思路的结果就是：姐妹们，咱们虽然是公主，但必须做个出色的女人。貌似这个说法还是很绕，很多人还是不明白这个新思考的结果对于自己有什么意义，或者说跟之前的说法有什么区别……呃，这么说吧，只有女人当自己是个女人的时候，才能够得到男人的宠爱——那些一直只注重自己"公主"属性的姐妹，永远都适合生活在童话里，而不是现实生活里。

"hello，大家好，我叫蔡佳蓉，大家可以叫我蓉蓉。我来自台湾台北市，爸爸是台湾人，妈妈是泰国人。我对于我的

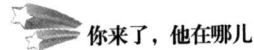

另外一半，将来以后另外一半，可能有一点小小的要求，我希望他有经济能力跟赚钱能力。他可以把我当做，是一个公主一样地疼爱。至于他年纪可能有点大啊，或者是离过婚啊，或是有小孩的，其实我都不介意。谢谢大家。"

当来自宝岛台湾的女嘉宾蔡佳蓉在《非诚勿扰》的舞台上这样介绍自己的时候，很多的电视观众在眼前一亮的同时也心里涌起一股子黯然。在近些年来，不论是传统媒体上还是网络上，关于"公主病"的讨论一直很热烈。许多的男人都在心底有一个"公主梦"，希望娶一位典雅高贵的公主，可是在生活中又对着那些有"公主病"的女人极为排斥。然而，聪明的蔡佳蓉却并没有完全沉溺在自己的"公主病"里，她只是在恋爱中会耍点小脾气，但不会是那种颐指气使让男朋友难看的女人。

就这样，这位有"公主病"的女生最终成功等来了自己的王子，那个愿意像王子呵护公主一般呵护她的大连男孩，曲雄鹏——穿着马甲，蹬着长靴，梳着辫子头，浑身上下透着一股子潮范儿的曲雄鹏一上台就将蔡佳蓉选为心动女生，而在进入男生权利之后，更是坚定地选择了蔡佳蓉。

其实，患了"公主病"并不可怕，只要你还记得自己是一个女人，那么你总有一天会等来自己的意中人。

在《非诚勿扰》的舞台上，患有"公主病"的蔡佳蓉一直都是个话题女嘉宾，有观众说她太物质，有观众说她太矫情。

可是，不管怎么样，人家还是在《非诚勿扰》的舞台上等来了令其心动的"王子"，而你呢？

在百度搜索框里输入"公主病"三个词查询，搜出的词条大约有3030000个（看来"公主病"患者还真不是个小数目）。而百度百科上对于"公主病"的解释也有长达数千字的页面——"公主病（公主症候群，英文：Princess Syndrome），指一些自信心过盛，要求获得公主般的待遇的女性。公主病者多数是未婚年轻女性，自少受家人呵护、伺候，心态依赖成病态，公主行为受娇纵，有问题常归外因，缺乏责任感。"

看了对"公主病"的解释，你是不是也开始"对症"琢磨自己。如果你不幸的发现自己身上的很多症状跟上面的解释很相似，那么我要告诉你的是：孩子，赶紧求治疗吧，"公主病"也是病，这得治，晚了恐怕就有可能孤独一辈子！

记住，任何男人在看到女人的第一眼之时，不管是为你感到惊诧还是为你感到惊艳，你在他脑海中的第一反应都是女人，而不是什么公主——你是公主，可你的第一属性是女人。

【爱情的芬芳，幸福的滋味】

患有轻度"公主病"的女人会显得很可爱，男人看到这样的女人身上的保护欲总是肆无忌惮的开始泛滥；患有中度"公主病"的女人虽然经常让男人感到头疼，但是其中毒之深并没有超出男人忍耐的极限；患有重度"公主病"的女人可

以说这辈子就做好顺其自然的打算吧，能够像瞎猫撞见死耗子那样撞见一个能包容你的男人可比中了五百万大奖更值得炫耀，当然你已经病到让男人望而却步的地步了，即使一辈子没能遇见爱情，也没有啥好伤心的，你可以有理想有梦想有幻想，但病入膏肓的时候也得认命！

Lesson 2.

不装 X，不做作

蹴罢秋千，起来慵整纤纤手。露浓花瘦，薄汗轻衣透。见客入来，袜刬金钗溜。和羞走，倚门回首，却把青梅嗅。

——李清照 《点绛唇·蹴罢秋千》

如果你装 X 能装出李清照笔下的所描写的这样，那么你就有资格一直装 X 装到老——你能够时刻让自己像一个娇羞的含春少女，那么你还愁没有爱情么？

可是扪心自问一下子，你真的有这样的装 X 水准么？如果没有，那就趁早收了那份心思，别在这里丢人现眼了，世界上最难找到爱情的女人就是那群整天装 X 很做作的女人，因为这类女人不光是男人眼里最鄙视的女人，而且也是地球上所有生物最鄙视的物种——上天让雷神劈死过那么多的物种，

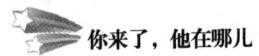

怎么就没有将这种女人彻底消灭掉呢?

说到底，你就别装 X 别做作了——老拿自己当根儿葱，谁 TM 拿你蘸酱吃呀!

在《非诚勿扰》的舞台上，最恶心人自然就是那些没事儿喜欢装 X 的女嘉宾，电视里一副清纯女神的样子，现实生活中却是放荡至极，其程度甚至连日本爱情动作片的女主角也自愧不如——日本爱情动作片女主角的放荡那是一种工作，而那些台上清纯台下放荡的女人可就另当别论了，说白了就是既想当 XX 还想给自己立个贞节牌坊，这样的女人简直就是女人中的败类。

然而，令人惊颤甚至惊悚的是，这些女人中的败类却不以为耻反以为荣，她们为自己装 X 做作的辩白理由还非常充分：在当前整个物欲横流的时代，在这个笑贫不笑娼的时代，女人要想主宰自己的命运，那就得不走寻常路。

说得好听点那叫不走寻常路，说得难听点那就叫不要脸。古语说得好，树活一张皮，人活一张脸。古语还说得好，己所不欲勿施于人。亲，您就行行好，别这么恶心人了好不? 天下男人数十亿，可在你们的这种折腾劲儿面前，那数量还是少得可怜呐!

姐妹们，仔细想想，你愿意找一个整天只装 X 不干啥实事儿的男人吗? 天下从来没有吹不破的牛皮，天下从来没有不透风的秋裤，天下从来没有不被识破的谎言，天下也从来没有不被……

好了，好了，咱也就别这么一直絮叨下去了，又不是街头大妈，也没有进入更年期，何苦让自己这么婆婆妈妈呢？下面，我们就来盘点一下那些装 X 又做作的女人的"症状"吧！

1.装款姐儿的。这类女人最突出的特点就是，早上出门时吃的是冰箱里放了好几天的都快长出绿毛的剩泡面，中午突然遇到上司请客进了一家就卫生间还算干净的饭店，马上掏出手机对着卫生间一顿乱拍，接着将照片上传到微博、微信，然后一顿吐槽，"这是我这辈子见过最差的星级酒店的 toilet"……忽然有一天去一个客户家里做回访，看见客户的梳妆台上放着一大堆进口的化妆品，马上掏出手机一顿乱拍，接着拿出手机上微博、微信，一顿海量照片上传，接着又一顿炫耀，"俺家的这些瓶瓶罐罐多到没地方放了，准备送隔壁的小妹妹，明天三儿又要飞到大洋彼岸去了，据说回来时会给俺带一大包从来没试过的……嘿嘿……"对于这类女人，男人们最想吐槽的就是："以后注意点身上的花露水味儿，那玩意儿不是当香水使的。"

2.说话不按照正常语音发声的。男人都喜欢会发嗲的女人，男人也都痛恨那些有事没事儿就发嗲的女人。怎么说呢，有这类症状的姐妹们，爹妈给咱们一副五音齐全的嗓子真不容易，想想世界上还有那么多天生就不能说话或语言有障碍的人吧，咱以后可得好好说话呀。说实在的，发嗲其实是一门艺术，在没有走进发嗲这所艺术的大殿堂里之前，那就别

随意侮辱这项艺术了——发嗲，其实也是讲天赋的，如果你的天赋既不异禀也不配不上"有点儿"三个字，那就正常说话吧，这其实对你来说绝对是有益无害的。

3.白天一副良家女子形象，晚上奔赴不同男人的饭局。这类女人对于男人而言绝对是有害的，很多的男人就是被这类女人骗得痛不欲生的——她们在同事、同学聚会上会因为一个黄段子拂袖而去，但是避过熟人了就完全是另外一番模样。不过，这类女人在害了很多男人的同时还害了自己，有道是善有善报恶有恶报，等到时候必然得报。所以，对于这类女人来说，姐姐们，高抬贵手吧，予人生路就是给自己一条活路。

4.有事没事儿就装纯的。有些女人本来清纯指数极高，但是却总喜欢干一些狗尾续貂、画蛇添足的事儿，本来好好一女神形象，结果被她们生生捣鼓成了神女（神经病女人），比如说偶尔手里夹根烟装出一脸忧郁的表情，自以为看上去很伤感很凄美，有点儿像一个颓废范儿的文艺女青年，结果呢？颓废范儿的文艺女青年形象没有整出来，却被整的像国产爱情动作片的颓废女主角，这事儿捣鼓的，不但跌份儿，还让自己在男人心中的美好想象大打折扣，真是何苦呢？

……

关于那些装 X 做作女人的"症状"应该还有很多，具体怎么样就不多说了，病得谁身上了自己先揣摩吧——这种病，基本上没有啥特效药，唯一的药方就是"看清自己，认清男

人的需求"，别老是自以为是的瞎捣鼓。

姐妹们，要想找个好男人，要想遇见梦寐以求的浪漫爱情，那就先戒掉"爱装 X，瞎做作"这个病吧！

【爱情的芬芳，幸福的滋味】

亲爱的姐妹们，从蒙昧的远古到文明的现在，那些凡是不按照常理出牌的人，最终都输得很惨。所以，你不想走寻常路可以，但是不管你走什么路都要遵守规则，生活做人如此，爱情更是如此，谁都不可能例外。

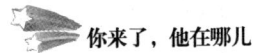

Lesson 3.
不掩饰自己，不代表你可以
随意地展现"阴暗面"

　　你从来没有肆无忌惮地展现自己的"阴暗面"的权利，对于任何一个人来说，自己身上的"阴暗面"就是造物主给他的诅咒，不过有些人却将自己的"阴暗面"藏匿的很好，所以他们总是别人眼里的完美之人，是道德高尚的正人君子，卑鄙小人这个词似乎八辈子以后也不会跟他们沾一点儿亲带一点儿故。

　　不要怕，生活中的这类人其实很好对付，因为他们的脑袋上还顶着一顶大帽子，上书三个字，"伪君子"。是的，我知道你一看见"伪君子"这三个字就勃然大怒，对他们的恨感觉就像社会主义人民对资本主义阶级敌人一般痛恨，痛恨之情有如长江之水连绵不绝，又有如黄河之水泛滥一发而不可收拾。

　　醒醒，孩子，别站在这里跟我对周星驰的台词了，你对的再好也消除不了你对身边的那些"伪君子"的恨——为什么那些

"绿茶婊"能一年玩好几个"高富帅",而你却连个"矮穷挫"也遇不见。其实,姑娘,你真还应该多结交几个这样的朋友,跟人家学学,看看是如何让大多数人都向他们伸出大拇指的。当然,你要学的只是如何让自己看起来更有女人味儿(千万别学得太做作),而不是像"绿茶婊"一样四处找男人当提款机。

对于一个男人而言,自己喜欢的女人有点二,这也许是一件很可爱的事情。

对于一个男人而言,自己喜欢的女人爱喝酒,这也许是一件偶尔称得上雅致的事情。

但,对于任何一个男人而言,自己喜欢的女人爱逛夜店,这绝对是一件残忍的事情(这只是作者个人的传统意义上理解,如有不对之处,还请列位看官海涵)。

站在《非诚勿扰》舞台上的女嘉宾汪珊珊就是这样一个女人,她在节目中自称是"一个月28天都在夜店"的女人。这简直太令人意外了——这个从浙江舟山来的小女人,从小学戏主唱花旦,接受传统艺术熏陶的她竟然是个有点二且喜欢喝酒的"夜店女王"。

自从站上了《非诚勿扰》的舞台,汪珊珊一直就受到各种各样的非议,而其在节目中多次"豪饮"的场景也令无数男人望而却步。可以说,这个性格有点二的小女人,因为过度地在节目中展示自己的"阴暗面",成为了很多男人们喜欢但不敢碰触的女人。因此,在很多让她感到心动的男嘉宾面

071

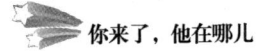

前，她都没有得到对方的垂青。

不过，随着她在《非诚勿扰》的舞台上受到越来越多的打击，她也逐渐明白自己该如何展示自己了：可以有点二，但不能在全国观众面前随便二；可以喝大酒，但不要当着那么多男人面展示自己的好酒量；喜欢逛夜店，但不要说给十多亿观众听。

可以说，正是因为这种改变，她也等来了那个"有缘人"。来自新疆乌鲁木齐的嘻哈潮男郑迪一上台来就将她选为心动女生，更令人称奇的是汪珊珊也为他选择了爆灯。当郑迪向候选女生们提问道："我从小是被爷爷奶奶养大的，以后要给他们养老送终。老人都八九十岁了生活已经不能自理了，和我在一起之后要和他们生活在一起，能接受吗？"这时候，已经"迫不及待"的汪珊珊抢着答道，"我会帮你照顾爷爷奶奶的！但你要在《非诚勿扰》上给我一个承诺，我们要好好在一起，不可以不要我。"

最终的结果是，汪珊珊拿着郑迪送给她的和田碧玉一起幸福地牵手走下了舞台。

看到汪珊珊和郑迪幸福牵手的那一幕，相信肯定会有很多人在电视机前惊呼："为什么会选择她，要知道，男生进入反转权利之后，汪珊珊身边站着的可是1米78的大美女刘馨和'美女作家'温小薇啊！"

其实，这也没有什么需要大惊小怪的，汪珊珊是在刚一

站上《非诚勿扰》的时候表现了自己身上太多不被大众所接受的东西，但是她在节目中的改变也是有目共睹的。等到一个女人不轻易犯迷糊，准备戒掉酒和远离夜店之时，她是不是很可爱？既然她是个可爱的小女人，那么，男嘉宾为什么不选择这个愿意和他一起照顾七八十岁老人的"乖媳妇"呢？

一个女人再不掩饰自己，不代表你可以随意地展现自己的"阴暗面"——有时候，展现得太多了也没关系，只要你还愿意做出新的改变，愿意像一朵向日葵一样将笑脸迎向太阳，那你的未来生活中必定洒满阳光。

如果说人注定像生活一样是不完美的，但是你可以像创造幸福生活一样让自己的生活多一些完美少一些不完美。因此，你必须要学会掩饰自己或者说改掉一些自身的缺点，不要总是一副"我直白我无罪"的样子，毫无保留地将自己不好的一面尽情地展示在男人面前。你要知道：男人都是视觉动物，他们不会因为你的直爽而轻易包容你的缺点，更不因为你身上有太多的缺点而莫名其妙地爱上你。

【爱情的芬芳，幸福的滋味】
看完了整篇文章，你竟然还在低头思索什么是"绿茶婊"。孩子，没事儿的时候多上上百度，看看百度词条啥的也是增长知识不与时代脱轨的一种方式。所谓的"绿茶婊"就是指那些看起来十分之清纯，浑身上下散发着浓浓少女味儿，但却以泡男人为乐的女人。

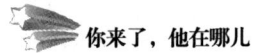
Lesson 4.

活得明白，爱得明白

我来自北方的荒山野林，
和严冬一起在人世降临。
可能因为我粗野又寒冷，
人间对我是一腔的仇恨。

为博得人们的好感和亲近，
我慷慨地散落了所有的白银，
并一路狂奔着跑向村舍，
向人们送去丰收的喜讯。

而我却因此成了乞丐，
四处流落，无处栖身。

有一次我试着闯入人家，

却被一把推出窗门。

紧闭的门窗外，人们听任我

在饥饿的晕旋中哀号呻吟。

我终于明白了，在这地球上，

比我冷得多的，是人们的心。

——食指的诗：《严冬》

　　一朋友最近失恋了，挺严重的，用茶不思饭不想这些太过平常的形容词已经不能反映出他内心的伤痛。用她的话来说就是，"食指的这首《严冬》写得真是太好了，我感觉我现在的内心就是一片覆盖着极厚极厚的冰雪的酷寒之地，又冷又疼。"

　　听了她这话，我接口说道："您都能用这么有诗意的话来形容自己失恋的伤痛，看来你还不是那么疼，至少没有你说的那么疼。"结果，她张口又来了一句更有诗意的话，"你爱去那玩就去那玩吧，大姐我是活明白了，人的心都那么冷，何苦又让我那一颗热热的心贴上去呢，人家感觉不到温暖，咱还疼的痛彻心扉。"

　　真没想到，她后边这有诗意的话是打油诗那一类的，还是现代派的打油诗。

　　夜深人静之时，一边拍着蚊子一边想象那位朋友的话，

觉得说的真在理：活得明白，爱的明白，才能不容易在爱情中受伤。可是，放眼天下，究竟又有几个人是明白人？谁又能够想活得明白就活得明白，想爱得明白就爱得明白？

看了这么多年《非诚勿扰》，困扰许多男女嘉宾最严重的问题就是不知道自己到底想要怎么样去爱一个人，或者说爱的明白——他们在谈起自己不想舍弃的前男友或者前女友的时候，总是会说，如果当初不怎么样去做，会不会现在就能还不曾分开，如果当初能明白一些道理，是不是现在就不是这样的结局。

然而，时光匆匆，谁也不是先知，谁也无法再重新活一回、再重新爱一次。

其实，活不明白，爱不明白，很多的时候就是因为自己缺少反思。孔老夫子说，"吾日三省吾身"，我们都很少去反思当下的自己，何来活得明白和爱得明白呢？

现在，很多人在生活恋爱中都带着一副面具，不想让别人看清楚自己的同时，也让自己看不清楚了自己。当你处处提防别人的时候，你那里还会有时间去审视自己、审视生活、审视爱情。

所以，姐妹们，当我们在生活中遇到挫折，在爱情中受到伤害的时候，不妨先对着镜子照照自己，看看自己是不是还能看清楚自己，时间与生活的经历是不是已经在我们的脸上敷了一层精致的"人皮面具"，不光别人每天看不清楚我们自己，就连我们自己也每天看不清楚自己。如果你正是这样

的人，那么就赶紧去拿下自己脸上的面具吧——当你真实面对别人的时候，别人才会真实面对你；当你真实面对生活的时候，生活才会给你看清楚它的真实面目；当你真实面对爱情的时候，爱情才会真真实实地出现在你的生命里。

【爱情的芬芳，幸福的滋味】

尼采说："虽然思考一下人生也是不错的，不过人们也只有在闲下来的时候才会这样去做。平日里一心专注于工作，全力以赴地做着必须做的事情，解决着必须解决的问题。这正是我们好好对待我们的人生的佐证。"所以说，姐妹们，要想活得明白和爱的明白，就得想的明白，因此我们要多挤出一些空闲时间来，平日里好好思考思考自己的人生、自己的爱情——想明白了，也就啥都明白了。

Lesson 5.
白天"白骨精"，晚上"狐狸精"

　　但凡是看过《西游记》的人都晓得白骨精有多美，就连那些吃斋念佛一心不理红尘俗世的出家人都在她面前变成了色中饿鬼，足见其美也足见其媚。不过，吴承恩笔下的白骨精还是差了一些，蒲松龄那支生花妙笔下勾勒出的狐狸精则是美如天仙却又柔情脉脉，她们的出现改变了人们对于妖精的看法。原来，妖精并不是像《封神演义》里的苏妲己那样只会依靠妖术而向人释放媚术，最终是搞得国亡君死人神共怒，这世界上最妙的女人则就是风姿翩翩却又柔情似水的"狐仙"——这"狐仙"，白天看上去就如同白骨精一般懂得装出各种纯情女子的模样，夜幕降临之后却又成为男人们最渴望的一场场春梦。可以说，人世间最令男人动心的女人莫过于这类女人了。不过，这样神仙一般的女人注定是很少有人能

遇见的。

在《非诚勿扰》的舞台上，有着"狠男作家"之称的曾子航老师也曾巧妙用"白骨精"和"狐狸精"这两个词对一些精英型的现代女人做出了解读。他说："一个真正有魅力的女人不是一成不变的，她们有时候小鸟依人，有时候金鸡独立，职场上是铁娘子，情场上是小娘子，白天是白骨精，夜晚变狐狸精。"

所以，在曾子航老师看来，现代女性中的"白骨精"就是精英女性的代名词，她们是白领是职场骨干，领导对她们很器重，父母亲对她们很满意，闺蜜对她们很羡慕。可是，"白骨精"们都有一个很突出的问题，那就是婚恋问题——白天，"白骨精们"在职场上叱咤风云，夜里，却总是被孤独与乏味所包围着（在精英女性面前，很多男人只是艳羡而已，他们还是习惯找那种能体现他们大男子主义的女人，男人天生就是面子动物）因此她们恨不得整日整夜都投入到工作中去，结果是她们在职场上表现得越出色，个人问题则是越难解决，最终陷入了一种恶性循环之中。

在《非诚勿扰》的舞台上，很大一部分的女嘉宾都属于"白骨精"型女人，她们不但有着一份令许多男人都很羡慕的工作，而且也有着优雅的气质。但是，她们却一直都在为找不到那个合适的人而苦恼烦闷。甚至，很多的"白骨精"型女嘉宾还在节目上忍不住吐槽，明明自己十分的优秀，可是前男友却跟着一个学历比自己低、能力比自己差、品味比自己不知道

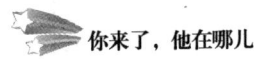

差了多少倍的女人跑了，令自己在伤心之余又百思不得其解。

看着《非诚勿扰》舞台上那一个个因为前男友跟比自己差的女人跑了而伤心郁闷的"白骨精"，很多人都会产生这样一个疑问：难道那些各方面条件都不错的"白骨精"都被上帝诅咒了？这么的不招男人待见？

其实，根本就不是这么回事儿，"白骨精"们留不住男人的心，不是自己的条件不够好，最终的原因恰恰就是因为她们太出色了。当然，各方面条件太出色并不是不好，只是太出色的她们身上总是缺乏一些女人味。相较于那些抢走她们男友的平庸女人，她们了解国际趋势、知道自己行业的发展趋势，熟悉康德、尼采、董桥、乔布斯……可她们唯一不知道的就是"风情"，很多叱咤职场的"白骨精"都是不解风情的女人，她们不明白：有时候女人不"坏"，男人也不爱。

"白骨精"们，这下子你们明白自己为什么总是守不住男人了吧！一句话，白天要做个"白骨精"，而晚上就要做个"狐狸精"。当一个女人有相貌有能力有风情的时候，那绝对是任何男人们心目中的女神。不过，你也无需成为任何男人心目中的女神，你只要成为你喜欢的那个男人心目中的女神就可以了。

至少，你也该在自己心爱的男人面前有点风情吧！

【爱情的芬芳，幸福的滋味】

都说恋爱中的女人像猫咪，温顺却那么善变，总是令人

摸不着头脑。可是，恋爱中的男人也何尝不是如此呢？其实，那些陷入热恋中的男人同陷入热恋中的女人一样，他们在非常温顺的同时也非常的敏感，一出现点状况就猜忌、发怒，甚至变得不可理喻。所以，对于女同胞们而言，在陷入热恋中的时候一定要保持几分清醒，变得"精"一点，不管是白天做"白骨精"也好，还是晚上做"狐狸精"也罢，都要时时注意男人的情绪变化，牢牢地把握男人那点心思，切莫只顾着一味的撒娇和追求浪漫，只有时刻掌握恋爱主动权，才能紧紧地拴住男人的心。

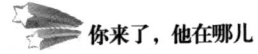

周末小测验·你是不是很受大家喜欢

（以下小题中选择 a 得 1 分，选择 b 得 2 分，选择 c 得 3 分，选择 d 得 4 分）

1.领导最近心情不好，总是拿你当出气筒，你会怎么做？

a.领导祈祷我心情一直很好吧，我再忍忍，他要是再这样，小心我小宇宙爆发

b.找同事诉苦，希望同事能帮我向领导传递一下信号，不要让我再这么悲催的活着

c.回家拿老妈撒气，谁让她生了这么一个容易被人欺负的女儿，不怪她怪谁

d.人的忍耐都是有限度的，领导要是明天再给我气受，我就直接当面辞职

2.朋友借了你一笔钱后突然人间蒸发了，这时候你会？

a.钱倒不是最令我伤心的，最令我伤心的就是他竟然就这样欺骗了我

b.他是不是遇到了什么难处，还是会为他担心，希望他没事儿

c.以后小心点，绝不轻易给人借钱了，这也算吃一堑长一智了

d.对于这种卑鄙小人，我除了扎他小人就是继续扎他小人

3.高中同学聚会而你却没有收到请柬，这时候你会怎么做？

a.打电话给高中最好的同学，问问他自己到底做错了什么，大家怎么都不待见我

b.没啥大不了，可能是组织者忘了我吧，下次可能会叫上我吧

c.心里很不舒服，但是也没有什么，下次就是给我发十个请柬我也不会去的

d.没有请柬是吧，我还就不信这邪了，那天我一定去，就TMD是去砸场子的

4.一个不是特别要好的朋友出了车祸，你会？

a.去看看他吧，毕竟也算是朋友，以后咱有啥事儿也可能需要他帮忙

b.实在不想去，还是打个电话给他吧，问候问候就成了，反正也不是很熟

c.看情况吧，如果其他人都去看望他，那我就去

d.凭什么啊，又不是很熟，谁爱去看谁看吧，反正我是不会去的

5.你放在办公室桌子上的零食被人动过了，你会有什么反

083

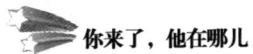

应？

a.吃就吃了呗，都是一个办公室的好哥们，再说我也动过别人的零食，哈哈

b.心里有点别扭，那个家伙是刚从卫生间出来没洗手，那我的零食还能吃吗

c.我会在桌子上贴上一个小纸条：XXX同志的零食，拿的时候请通知主人

d.谁这么手贱啊，跟小偷一样，看来又要跳槽了，这里的工作环境真差

6.你的宠物狗最近生病了，你会不会向周围养狗的人讨个妙方？

a.那必须啊，小亲亲都病成那样了，我再这么无动于衷，那还有人性吗

b.为什么要找周围养狗的人去讨个妙方呢？直接去宠物医院不是更好的选择吗

c.可能会去吧，但是要看小狗的病情严重情况，不是很重的话，那就去找个妙方

d.那帮人懂什么，再说了他们眼巴巴地等着看我的狗出事儿呢，找他们还不如靠自己

7.跟你最要好的同事跟领导吵起来了，你是帮同事呢还是？

a.赶紧劝架吧，一个是领导，一个是最要好的同事，劝开他们是最好的选择

b.帮领导吧，再好的同事也不会给我发工资，事后再向同事道歉，我是被逼的

c.帮同事吧，领导凭什么这么牛，他不就犯了点小错误嘛，至于给他小鞋穿吗

d.谁都不帮，谁都不愿意得罪，装作没看见，这个浑水我可不趟

8.朋友们都混得不错，只有你还一无所成，你会怎么想？

a.都怪自己太不努力了，以后一定要专注于事业，要赶上他们不能再落后了

b.有点嫉妒，但是也为此感到高兴，朋友们都混好了，以后帮我的人就越多了

c.心里没有什么大的感触，每一个人都有自己的活法，何苦跟别人攀比呢

d.我混的这么惨，全是这帮家伙造的孽，别的不说，他们发达的时候都不拉我一把

【测试结果】

8—17分：还好啦，虽然得分有点低，但是你也不是大家所讨厌的人了，当然你也不是大家非常喜欢的人。其实，这也没有什么好伤心的，一边啃着鸡大腿吃着过桥米线吸溜着豆汁儿吧唧着嘴儿（这个动作比难度系数10.0以上的动作还高，怎么完成？）仔细想想，世界上的大多人不也跟你一样么，既然不是大家非常喜欢的人，那么咱们就努努力，多做善事，

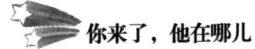

少结仇家，争取让越来越多的人给你五星评价，这样你也会慢慢成为大家非常喜欢的人。

18—25分：承认吧，你其实一直就是令很多人缘不好的人所"羡慕嫉妒恨"的那种人，不论你是去菜市场买菜还是被领导派到非洲某个荒凉的地方去守仓库，你身边的人都会在脑海里对你留下极为深刻的好印象，而这种好印象就像一张万能通行证，不管你走到哪里都有人站出来帮助你和支持你，因为你的确很受大家伙的喜欢。好了，就这样了，再夸你就该骄傲自满了，那就这样吧，希望你一直都能成为大家伙所欢迎的人。

26分以上：总是不能明白，上帝为何会让你们这群人诞生在尘世间；总是不能明白，你们身上的强大生命力是如何炼成的。在一个大家都非常不喜欢你的环境里，你们竟然能够顺利活到现在，不，或者说你们身边的人竟然能够活到现在，那简直就是人类社会有史以来最伟大的奇迹了。如果最后还应该给你们说句话，那么我会说：既然已经这样了，既然已经不受欢迎到了这般地步，那么咱们还有什么理由继续沦落下去呢？别再怀疑自己了，其实你也可能成为大家伙最喜欢的人，只要你肯改变！

第四课

爱情丰满，现实骨感
——因为懂得你的好，所以想要对你好

　　街角的木偶还在风里唱着寂寞的歌，地铁站边上的木房子在熙熙攘攘的人群里格外地孤单，你踩着秋叶行走在夕阳的余晖里，风很冷，你的心里却温暖如春，身边总有一脸寂寞的人擦肩而过，你的手却握在另一只手里——女人，最幸福的事情莫过于有一个爱她的男人，徜徉在爱情海洋中的女人总是那么娇媚，就像一朵六月天里在湖心处绽放的莲花。

　　但是，女人们，沉浸在爱情中的时候一定要保留一份清醒，因为爱情丰满但现实却很骨感，要想让你掌心的爱情之花永不凋谢，那你就不能让你的"好"在生活中一点一点流逝。

　　因为，只有男人懂得你的好，所以他才想要对你好。

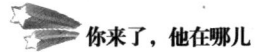

Lesson 1.

缘分奇妙而珍贵，来了就不要放手

缘分是一根奇妙的心弦，总是能够让两个人产生心的共鸣。

漫步在茫茫人海中，尘缘就如同一个优美的梦境，能将两颗心紧紧地包裹进去，在这两颗心上洒下爱的种子，孕育出对幸福的憧憬。

缘分，就是这样一种奇妙的东西，比金山银海更珍贵。但是，滚滚红尘中却有多少男男女女在缘分面前选择了逃避，眼睁睁地看着缘分与自己擦肩而过却不伸手抓住，直到繁华落尽，记忆朦胧，才明白自己让缘分白白流逝是一种多么大的损失。

因此，女人们，你们一定要牢牢记住：缘分奇妙而珍贵，来了就不要放手。

山西小伙儿赵智辉不但长得帅，而且是一个非常浪漫的人。

他不但会接送女友上下班，在女友生日时还会为对方准备烛光晚餐，在房间里都洒满花瓣，可谓是女人们最心仪的男人。

赵智辉一登场，孟爷爷就说道："他连眼睛都会笑，水汪汪地，看我都像含情脉脉似的，这谁受得了？"台上的女嘉宾们见到赵智辉后也是纷纷向他提问。不过，随着节目的进行，女嘉宾们对于赵智辉的看法却也开始产生分歧，有的女嘉宾夸他是个浪漫的好男生，有的女生则对他的浪漫表示出一种担忧，17号女嘉宾何聿阳则直言他太过浪漫，浪漫得少了一份安全感。

宁财神老师则说道："感觉这浪漫不安全，你是有点把浪漫技术化了，觉得一个人有能力制造浪漫就称算得上浪漫了。其实真正的浪漫是让对方感受到你的炽热，只要能够真正感受到浪漫背后的那份爱就不会觉得不安全。"

而就在台上的女嘉宾们开始争论得越来越激烈的时候，第一次登上《非诚勿扰》舞台的17号女嘉宾何聿阳在表示了自己的担忧后，却坚定地做出了自己的选择——她为赵智辉留灯到了最后。

毫无疑问，何聿阳是幸运，第一次登上《非诚勿扰》的她也是最后一次站上这个节目。

男嘉宾赵智辉毫不犹豫地选择了这个为他留灯到最后的女孩儿。当他们两人手牵手出现在最后的镜头里的时候，何聿阳一脸幸福地说道："很开心跟男嘉宾牵手，我今天刚上场，第二个男孩就是他，我觉得这也是一种缘分吧。"

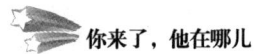

当缘分来临的时候，如果你不伸手抓住，无疑是对上苍的一种亵渎。

不过，在红尘俗世中也有这样一些人，他们在错失缘分之后，却去苦苦追寻，无奈秋风吹尽，良人不再，再多的追寻也只是暮春时节的落花，任凭付出多少努力，也不会换来当初那个本该产生的结果。

所以，当缘分来的时候，一定不要放手，当缘分远去的时候，就莫再强留。

这一切，正如网络上一个很红段子所说的那样——有些东西，注定与你无缘，你再强求，最终都会离你而去；有些人，只能是你生命中的过客，你再留恋，到头来所有的期望终究成空。不属于你的，那就放弃吧，大千世界，我们能够拥有的毕竟有限，不要让无止尽的欲求埋葬了原本的快乐与幸福。如果你想什么都抓住，最终只能什么都抓不住。"

【爱情的芬芳，幸福的滋味】

爱上一个男人，是一件很幸福的事情。爱上一个男人，也是一件很痛苦的事情。如果，你只想品尝爱情中的甜而不愿吃爱情中的苦，那么你永远不会抓住缘分，因为幸福的背后就是痛苦，只有做好承受痛苦的准备，才能全心全意地去谈一场恋爱——只想体会爱情中的幸福而不想承受爱情中的痛苦的人，是注定没有缘分也没有资格去谈恋爱的。

Lesson 2.

若为男人哭泣，一定要把眼泪流进他心里

眼泪，这是女人对付男人的最锐利武器。

都说女人是感性动物，一遇到令自己有所感触的人或物便会流泪，时而如潺潺的溪水，时而像如注的大雨，而男人在面对女人的眼泪之时，往往显得束手无策，只能放弃自己所坚持的原则，在女人的眼泪面前败下阵来。

当然，那些能在你的眼泪跟前败下阵来的男人，通常都是爱你疼你的男人，那些不爱你不懂得珍惜你的男人，就算你泪流满面连老天都感动得哭了，他们也会熟视无睹。因为，不管是男人也好女人也罢，大家都不会轻易让自己所爱的人流下一滴眼泪。

所以，姐们们，我们若为男人哭泣，那就一定要把眼泪流进他心里。如果你遇见了那种你流再多眼泪他都毫不珍惜

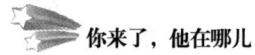

的男人，那咱们还是擦干眼泪收拾行装离开这个男人吧，因为他不值得你为他流泪，不值得你去爱。

"他打过我，骂过我，就小事他就当大事，他怎么这样呢？就是脾气特别特别特别不好，就我希望他能改变，但是因为我觉得，他人挺好的，人心很好，以后会改变的，但是等多久，他也没有想到，就越来越严重了。后来就打我，我也什么都没做错，就是我爸我妈都不知道，因为我在国外。我爸爸妈妈每次打电话问我，都说我好，在外面很好，没问题，但是我这里都是天天骂我。"

说这段话的女嘉宾叫做李欣岚，一个说一口别别扭扭的汉语、从泰国来的小女生。当她在《非诚勿扰》的舞台上哭泣着说自己的前男友之时，不论是主持人和女嘉宾，还是电视机前的观众，都为这个小女生的哭泣而感到愤怒。因为，李欣岚忍受前男友的暴力对待整整忍耐了三年多的时间。然而，她的坚守与隐忍并没有换来前男友对她的珍惜，相反，她等来的却是越来越严重的暴力对待。

看着哭成泪人的李欣岚，孟非老师也变得非常的温柔，他用很柔和的语气说道："你一定要成熟起来！对一个男人的人品做出判断，真的不需要忍让那么长时间，也不需要通过忍让来让他做出改变。"

之前经受过严重暴力对待的李欣岚来到《非诚勿扰》的舞台上后，对于男嘉宾的要求也特别简单，只要是不会对自

己使用暴力的男生就可以。所以，她最后牵手了来自美国的郑己，一个娃娃脸，性格温和从未打过人的男孩子。

毫无疑问，李欣岚的遭遇是十分值得我们同情和反思的，为什么一个可以忍受男人暴力对待长达三年的好女人，最终还是不能换来那个男人对她的爱？

其实答案很简单：对于那些不懂得你对他好的男人，你给他再多的好，他也不会对你心存感恩。

同理，姐们儿，对于那些不为你的眼泪而动容的男人，你若还苦苦守在他们身边，根本不会挽回一点儿感情，相反，他们还会把你的苦守当作向哥们兄弟炫耀的资本，"瞧瞧，哥我多牛 X，哥我再怎么玩儿，再怎么放纵，身后都有个女人在那里陪我，只要老子我不踹走她，她这一辈子就跟定我了！"

可现实是，真的就有那么些傻女人，总是想不开，受了男人给的气，遭了男人给的罪，还不知道自己最正确的选择就是弃他而去。对于这类女人，她们就应该听听孟爷爷的话，孟爷爷说："我们每个人都会有一些不幸的经历，更多的时候 需要我们自己去收拾心情，那些痛苦的事情，需要我们自己把它消化掉，拿更阳光的那一面再去给别人。"

是的，在那些让你的眼泪比自来水还廉价的男人面前，你就应该有这样的想法：既然你不珍惜我，我又何苦为难我自己呢？如果我无力改变这一切，那我还是拿更阳光的一面

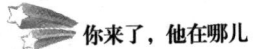

去寻找全新的未来吧！

【爱情的芬芳，幸福的滋味】

鱼离开了水会死，花儿离开了阳光会枯萎，你离开了他却不会有太大损失，因为离开了眼前的这个他你还会遇见未来的那个他。姐妹们，当一个男人都不珍惜我们的时候，我们还有什么理由继续待在他们身边呢？姐妹们，醒醒吧，你的痴心往往会演变成为一种耻辱，你早点坚决走开，这种耻辱感还会小一点，若继续痴心妄想，没准就会变成你毕生的耻辱。

Lesson 3.

心中有爱，才能拥抱温暖的人世间

只要你的心中有爱，你的世界永远停留在春天里；只要你的心中无爱，你生活里永远都不会有阳光。

爱情的本质是美好的、是轻盈的，就如同一片洁白的雪花，晶莹剔透，令人心生向往。但是，对于那些心中无爱，或者只祈求得到别人的爱而不想着回报别人以爱的人，爱情在她们的眼里就是一副镣铐，紧紧地锁住那个爱她的人，让他当自己的奴隶，一辈子不求回报地为自己付出。

这样的女人，命中注定就是一颗天煞孤星，因为她们不知道没有付出就没有收获——爱是相互的，不是她们所认为的那样，只有你爱别人爱得深刻，别人才会爱你爱得心甘情愿。

在《非诚勿扰》的舞台上，我们总是能够看到一些女嘉

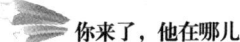

宾一开口就讲男人要怎么付出，男人该如何爱女人，而在谈到女人时则总是强调女人应该怎么使唤男人。

真是天大的笑话，你要求男人怎么付出爱那是你的权利，而且男人也有义务为女人竭力付出。可是，你不能拿男人当作奴隶啊，而你又有什么资格视自己为奴隶主呢？

有的女人会说，男人甘愿当我的奴隶才能证明他爱我。

亲，如果你现在还没有经过十七岁的雨季，那男人听到你这句话会觉得你非常可爱，可如果你现在都待字闺中十余个春夏秋冬了，那您就赶紧收起您这话吧，小心这一辈子都待字闺中了。还有，如果你是看韩剧看多了才说出这样的话，那么你也是可以被原谅的，不过要想真正等来一个用实际行动证明他很爱你的男人，那你就赶紧忘记韩剧里的那些童话般的剧情吧，因为那些童话都太童话了，看多了你的智商就永远停留在了只能看懂童话的水平了。

亲，你一定要明白：世界上从来都没有只想着奉献而不想着索取的男人，你若想让自己成为他的主宰，成为他一辈子都想去认真服待的尊贵女王，那你就应该去珍惜他，疼他，真心实意地去对待他，与他相扶相伴，他才会永远"臣服于你"，给你幸福的生活。

亲，最后再絮叨一句：只有你心中有爱，你才能拥抱温暖的人世间。

【爱情的芬芳，幸福的滋味】

女人们，你们一定要记住，权利与义务是永远不可能分割的，当你强调自己的权利之时就应该担起自己的义务，不要总是一味地索取，男人的爱不是永不枯竭的源泉，你总是享用而不"开源节流"，那么你的幸福日子是不会过得太长久的。

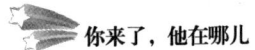

Lesson 4.
别在爱的谎言里寂寞地老去

　　海涅说："生命中不能从谎言中开出鲜艳的花。"

　　可是，又有多少女人想利用谎言让自己在男人的掌心里绽放。可是残酷的事实却证明：哪怕你是在善意的谎言里绽放的那朵花，你也不可能在男人的掌心里顺利绽放，除非对方是瞎子，因为谎言终究是谎言，就跟再怎么称呼海洛因为"白面儿"，它也永远不会成为能蒸出雪白大馒头的白面来。

　　一个女人，若想依靠谎言去欺骗男人赢得幸福生活，这是多么愚蠢的想法啊！

　　不过，在现实的生活中，女人欺骗男人的事情很常见，而男人欺骗女人的事情则更为常见。如果你是一个喜欢看报纸浏览新闻门户网站的人，那么你肯定会发现"某男子冒充大款欺骗花季少女"的新闻数量，要远远多于"某女子冒充领导诈骗某男子巨款"的新闻数量。

所以，女人们，你们一定要明白：男人们不光比女人在身体上更为强壮，他们的大脑比女人的大脑转速也更高，说起谎话来比女人更有先天性优势，因而女人受男人骗的几率要高于女人骗男人的几率。为此，女人们，你们要想从这个"男权社会"中不受男人的感情欺骗，那就先别想着如何去欺骗男人，还是先想着怎么应对男人的谎言吧！

在《非诚勿扰》的舞台上，我们看到过一些女嘉宾在谈到前男友时满脸都是恨意，对男朋友的声讨可谓是十分激烈，一口一个骗子、"伪君子"，恨不能将其扔进油锅里给煎炸了。很明显，这些女嘉宾十个有九个受过前男友的欺骗，在前男友那里受过很严重的伤害。

当然，也有一些女嘉宾在谈起前男友对自己的欺骗之时，一副压根儿就没有多大感觉的样子，好像受欺骗的对象是别人而不是她们自己。但是，她们身上隐约表现出来的那股子恨意，还是泄露了她们对于前男友的恨劲儿。

不管是那些表现得十分激烈的女嘉宾，还是那些表面上看起来十分淡定的女嘉宾，她们的内心都肯定十分的伤痛。因为，那些在爱情中欺骗她们的男人肯定是伤害她们最深的男人——他们不但辜负了她们的感情与期望，还让她们的青春在爱的谎言中白白流逝。

对于一个女人而言，青春是比金钱更为重要的东西，因为那是她们追求幸福的资本。

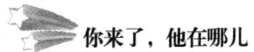

世界上根本就没有不撒谎的人，只有不愿意承认自己撒谎的人。所以，姐们儿，我们最怕的不是你爱的人向你撒谎，而是你爱的人不承认撒谎——那些撒谎不承认的人最为可怕，他们的不承认往往让女人做出错误的判断，最后相信他们所说的谎言，而当你一次次地相信他们的谎言之后，那你用心守护的爱情则会在未来变成一场泡影。

有些女人会说，男人们的谎言并不是一定都有害，如果是善意的谎言呢？是的，如果是善意的谎言那就没事儿，但是善意的谎言太多了的时候难免会向恶的一面转变。再者，哪个女人能保证男人每一次所说的谎言都是善意的？

所以，对于女人而言，要想守住爱情，就不要对男人放松警惕——你可以相信你爱的人，但不要事事都信任他，尤其在一些对于男人有巨大诱惑力的事情上！

【爱情的芬芳，幸福的滋味】

一个跟你谈恋爱的男人不允许你去他家里，不允许你了解他的生活经历，甚至连他的手机都不允许你碰。亲爱的，这样的男人绝对是不可靠的，他说给你的那些甜言蜜语很可能都是甜蜜的谎言。姐妹们，如果你爱的男人总是以隐私为借口而拒绝你的"审问"，那么你可能就遇上了一个爱情骗子——真正爱一个女人的男人会有隐私，但不是什么事情上都有隐私。

Lesson 5.
爱情与房子，孰轻孰重

　　很久以来，大家都以为张雨泽和李燕儿会像童话中写的那样，一直手牵手幸福地生活下去。

　　张雨泽是一个来自东北的 IT 男，李燕儿是来自江苏的一个可爱女生，他们相遇在北京，然而又相爱在北京。在恋爱的那段日子里，张雨泽简直成为了公司里所有女生眼里的"最佳男朋友"的标杆，他经常下班后去接李燕儿回家，如果李燕儿有时候加班他就去送饭，一有空闲时间就带着李燕儿去来一场说走就走的旅行，看得周围的人都羡慕死了。

　　2011 年的那个冬天，张雨泽与李燕儿说好一起去登记结婚，两个相爱了六年的年轻人终于决定收获爱情的硕果。然而，令人没有想到的是，李燕儿在那个冬天登记结婚了，但结婚证上的那个男人却不是张雨泽。

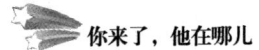

　　说到底，张雨泽没有成为李燕儿的丈夫，就是因为房子问题。

　　早在2008年冬天的时候，他们俩就商量着准备买房子结婚。可是，由于张雨泽的家里突然发生了一场变故，哥哥开车撞伤了人赔了很大一笔钱，张雨泽便把买房子的首付款交给哥哥去应了急，然后打算等过一年时间再买房子。结果，令张雨泽和李燕儿措手不及的是，房价在那一年开始飙涨，等到哥哥把首付款还回来的时候，那笔钱已经不够了。

　　既然已经忍了一年了，那再忍一年看看，房价难道还能涨到天上去。最终的事实是，张雨泽和李燕儿这一忍就忍到了2011年，房价比2009年的时候更贵，手里的那点钱别说付首付，买个厕所都不够。可是，这时候，李燕儿都马上要奔三了，准丈母娘是一个礼拜好几通电话催张雨泽尽快买房结婚。

　　可是，可是，张雨泽还是没有办法……张雨泽没有办法，准丈母娘却是有办法的人，她很快就为李燕儿物色了一个对象，一位四十岁出头的离异男人，工作比张雨泽稳定，更重要的是手里有两套房子……

　　就这样，张雨泽和李燕儿的童话故事变成了一段令人伤感的记忆。在结婚的前一天晚上，李燕儿给张雨泽发了一条短信：不是我不爱你，只是我不想再租房子，那种颠沛流离的感觉是我和你在一起唯一不快乐的记忆，谢谢你这么多年的爱，祝你幸福，永远……

这段故事中除了主人公名字是假的以外其他全部都是真实的。

现在，张雨泽已经结婚了，而且还有了孩子，他逃离了一线城市回到了老家的县城，娶了一个开理发店的女人，自己则进了一家职业中学教授计算机，日子平淡如水，过得不好也不坏。只不过，现在朋友们记起他，记起李燕儿，都是因为他 QQ 签名者的一句话：恋爱前女人选择男人与爱情，结婚前女人选择男人与房子。

在当年这个房价越来越高的年代里，房价越来越高，很多像张雨泽一样的男人都因为房子而苦不堪言，面对丈母娘那冰冷而又锐利的目光，面对女友那纠结而又失望痛苦的眼神，他们每天想得最多的就是：我的工资涨幅什么时候才能跟得上房价的涨幅，我什么时候才能在这个我奉献了青春的城市里有个温暖的家。

其实，在房价高昂的大城市里，不仅仅是男人们的日子不好过，女人们的日子也不好过。《非诚勿扰》女嘉宾朱晓在微博上写道："在郑州 10 年，搬过 5 次家。住一所房子就像爱一个人一样，时间久了就会习惯，不想再换。每次搬家都有种颠沛流离、居无定所的流浪感。很努力，但工资的涨速赶不上房价的涨速，不仅买不起，甚至要租不起。一辈子住一个地方一辈子睡一个人身旁这朴素的理想竟如此难以实现。不知像候鸟一样的迁徙几时可以终止……"

姐妹们，当昂贵的房子开始成为谋杀爱情的杀手之时，

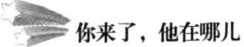

我们是不是也经常会问自己这样一个问题：爱情与房子，孰轻孰重？

毫无疑问，这是一个相当难回答的问题。因为生活有不同境遇的人都有不同的回答，有钱人会说没有爱情比房子珍贵，没有爱情的房子没钱的人可能也会说房子比爱情珍贵，没有房子就没有爱情。

其实，这个问题就是一个先有鸡还是先有蛋的问题，公说公有理，婆说婆有理，与其争吵不休。姐们们，我们还不如静下心来想一想，自己当初为什么选择这个男人？如果他当初令你心动的那些优点一个都没有少，那么就算他没有房子，你跟他一生都幸福，因为他不会让你失望，更不会让你一辈子都颠沛流离。如果他当初令你心动的那些优点正在一个个减少，那么就算他有房子，你以后也会后悔，因为他肯定会让你的心这一辈子都安稳不了。

所以，姐妹们，我们不应该在爱情与房子之间徘徊，而是应该想想我们准备将自己一生都托付给他的那个男人是不是有潜力——他是不是有潜力，有潜力的话他会给你一所面朝大海的房子，没有潜力的话他就是连面朝穷山沟的小窑洞也给不了你！

巴尔扎克说："苦难对于天才是一块垫脚石，对能干的人是一笔财富，对弱者是一个万丈深渊。挫折和不幸，是天才的晋升之阶，信徒的洗礼之水，能人的无价之宝，弱者的无底之渊。"如果你选中了一个潜力男，那么他可能会把给你一个稳

定的居所当作重要的奋斗目标——买房子，给你一份稳定的幸福，这个理由足以让他由一个"无产阶级"的一员变成一个"资产阶级"的一员，到时候你又何愁没有房子呢？

当然，如果你是一个执着于爱情的女人，那么房子的问题对你而言就不再是问题。

再当然，如果你觉得房子比潜力更值钱，那么你千万别选择爱情，还是房子最实际。

【爱情的芬芳，幸福的滋味】

网上有句话说得好，"如果没有房子，我们可以一起去努力，但如果没有爱情，有房子也不是家"是的，在房子和爱情面前，的确很令人纠结，但是我们想要房子的目的就是为了给爱情找个归宿，可是当爱情因为房子而千疮百孔的生活，我们是不是应该想想：和爱情比起来，房子真的那么重要吗？我们的爱情离不开面包，但是我们的爱情并不仅仅有了面包就能满足的，而是应该怎么幸福怎么来。

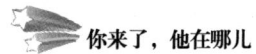

周末小测验·你距离幸福还有多远

（以下小题中选择 a 得 1 分，选择 b 得 2 分，选择 c 得 3 分，选择 d 得 4 分）

1.如果上帝给了你一座宝藏，你会怎么处理呢？

a.心里真是乐开了花，好日子就这么来了，我会每天为上帝送上祝福的

b.有了一座宝藏，可是依旧很愁人，有一天我死了，我该怎么分配我的财富呢

c.钱这东西生不带来死不带去的，够花就好了，我可不想当个悲催的守财奴

d.我会每天都坐在宝藏里，看守着我的财富，谁要是敢动我一个铜板我就跟他拼命

2.你旅行时住进了一家黑店，身上的贵重物品都被洗劫，你会？

a.真是倒霉透顶，如果我还能再找到那几个家伙，一定让他们求死不得求生不能

b.马上报警，坚决不让坏人再继续害人

c.感觉自己真是背到家了，还能怎么样，先想办法怎么回到家中才是当务之急

d.好不容易出门旅行一趟，还碰上了打劫的，我的命怎么这么苦啊

3.你是不是每天生活都很规律，能保证7个小时以上的睡眠？

a.吃饭嘛香，睡觉也是嘛香，要不是老妈每天早晨催我，我绝对能睡到落日以后

b.睡眠质量还可以吧，生活也还算规律，遇到一些烦心事儿可能就不那么规律了

c.似乎心情每天都不是很好，但是也感觉不到哪里不好，一个礼拜总有两天会失眠

d.在这个快节奏的社会里怎么能有规律的生活，睡眠不好那是确定肯定以及一定的

4.遇到了困难，一个不熟的朋友站出来帮了你，你会怎么想？

a.谢谢他，不过他为什么会帮助我呢？是不是有什么事情想请我去办

b.非常感激，真没有想到他会站出来帮助我，以后他有什么事情我一定竭尽全力

c.看情况吧，如果其他人都去看望他，那我就去

d.这家伙肯定有什么想法，天上从不会掉馅饼，他帮我肯定有自己的小算盘

5.刚刚发了工资就遇到了朋友借钱，此时你会有什么反应？

a.借他一点吧，反正我刚发了工资，手头也还算宽裕

b.很纠结，把钱借给他，他到时候能不能还我，如果不还我呢

c.都借给他吧，我身上的银子还够花一阵子，能帮助别人就帮一把吧

d.我又不欠他的钱，有跟他没有血缘关系，为什么要借钱给他呢，一分都不借

6.当你遭遇失败的时候，你会怎么办？

a.不怕不怕我不怕不怕啦，不就是一次失败么，接着干就会成功

b.有点惋惜，距离成功就差一步之遥了，真是太令人感到遗憾了

c.非常痛苦，为什么失败的人偏偏是我，我怎么就这么倒霉呢

d.不想活，不想活，我还是不想活，唯一的选择就是死了算了

7.你是不是觉得自己比周围的同龄人都年轻？

a.肯定是呀，虽然小女子我都是快要奔三的人了，但是一出门总是有人夸我水灵

b.有点吧，可能是心理不够成熟吧，总是觉得周围人比自己成熟，感觉还比较小

c.都差不多吧，没感觉到自己有多年轻，大家都一样的生活节奏，差距不是很大

d.可能地球上跟我同龄的人都比我年轻，我背上的负担实在太重，那么多事情要做

8.如果上帝突然出现在你身边，可以满足你一个愿望，你想要?

a.哇哦，上帝大叔，您老总算是出现了，给我金钱吧，我都得了穷癌了

b.我的愿望只有一个，给我一个帅哥吧，帅到一辈子都看不厌那种

c.希望我有一个幸福的人生，同时希望身边的每一个人都幸福

d.帮我报仇吧，我恨死那个家伙了，如果你能帮我实现这个愿望，我就信基督

【测试结果】

8—16分：不敢说你距离幸福只剩一步之遥，但是你现在的生活也渣不到哪里去，家里有老爸老妈疼，出门有闺蜜陪着你一走好几条大街，这样的日子也算得上幸福了。当然，你现在之所以还是觉得不够幸福，很大程度上就是因为你的心态不是很好，你若是能够放平心态，多一点感恩之心，那么你会猛然间发现，原来幸福就这么简单，原来幸福距离自己是那么的近。

109

17—25分：既然你已经是一个幸福的人了，为什么还不满足呢？别太贪心了，你现在的幸福生活很可能是很多人一辈子都无法抵达的终点。什么？你说你的幸福指数有多高？你当我是国家统计局呢？他们都不能给出一个准确的数字，你凭什么让我给出来。好吧，既然你非要问，那么我只能告诉你一个确切的数字了，你与幸福的距离——很近！

26分以上：基本上，你与电线是很类似的一种东西，身上都有着一层厚厚的绝缘皮，有所不同的是，电线上的绝缘皮绝的是电，而你身上的绝缘皮绝的是幸福。真是万般同情你，你可能一直生活在黑暗中，不，应该是你的内心世界一直一片黑暗，阳光从未照射过你的心扉，幸福也从未光顾过你的生活，这不啻为一种深深的悲哀。可是，对于你来说，你是不是应该想想，自己为什么会走到今天这一步，为什么会变成今天这个样子，如果你能够用另外一种眼光去重新审视这个世界，那么一切是不是会起变化，并不是像你想象的那般无趣无聊无生命力？

第五课

优雅的女人不褪色
——平凡似路人，也要有颗女神的心

曾几何时，我们都有一个理想：这一生，我一定要做个优雅的女人。

可是，当城市的快节奏让我们的脸上布满皱纹，当生活的压力让我们的眼睛里失去了美丽的光泽，优雅已经成为了一个遥不可及的梦：也许今生今世我都不可能成为一个优雅的女人……

姐妹们，其实优雅距离我们并非那么遥远，只要我们的心里的信念还不曾消失，只要我们从现在就开始做起，那么未来的你一定是一个优雅的女人——就算平凡似路人，我们也要有颗女人的心。

你若决心优雅，那未来必定美丽如花！

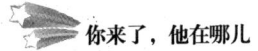
Lesson 1.

你不优雅，怎能征服"高富帅"

漂亮的女人不一定优雅，但优雅的女人一定很漂亮——蒙娜丽莎的笑温暖了整个世界，但不仅仅是因为她的美丽，还因为她的优雅。

现在很多的女生都一心想找个"高富帅"，最不济也觉得应该找一个小土豪吧。

可是，亲，你有没有想过，你到底有什么资本去俘获"高富帅"们心？

难道是凭借你那张令无数学霸都感到汗颜的高学历毕业证书？算了吧，除了那些清高得堪比中国古代士大夫的"清高男"们，哪个男人会真正为你的学历的而动心？记住，在男人心里，女人的姿色远远比学历重要得多，这就是为什么你经常看见大多数美女模特身边总是"大款男"，而女博士后

112

的身边总是一些"土肥圆"的最根本原因（当然，女人有一张高学历毕业证书也是一种值得骄傲的成功）。

这时也许有人会说，我有一张漂亮的脸蛋和引以为傲的曼妙身材，这下我有资格说我有资本俘获"高富帅"了吧！亲，你觉得你的脸蛋和身材能击败全国多少的美女呢？如果你的脸蛋和身材不是美到极致，那么你就算了吧，你可能在"高富帅"的身边待一阵子，但是你不可能在"高富帅"的身边待一辈子，因为他会审美疲劳的！

所以，姐妹们，你们要明白的是：女人要想泡到优质好男人，就必须做一个优雅的女人，——与学历高的女人比你长得更漂亮，当然你的学历也不能差的太远；与长得漂亮的女人比你气质更出众，当然你的外貌也不能差得太多。

这样一来，你还有击不败的竞争对手吗？还有哪个"高富帅"你不能俘获？

敖铭，她绝对不是《非诚勿扰》的舞台上最漂亮的女嘉宾，但是她却凭借着那一份独有的优雅在网络上赢得了"非诚勿扰第一气质美女"的称号，被很多网友称之为"小龙女"。

来自北京的帅哥设计师杨磊为了俘获敖铭的心，在参加节目前的九天里彻夜不眠地为她画了一副像，把他心中对敖铭的那份爱深深地画进了这幅画里——画里的敖铭看上去是那么的清新脱俗，优雅的气质跃然纸上。

所以，当杨磊将他给敖铭的画展示出来的时候，台上台

113

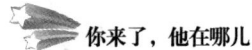

下都是一片惊呼声。杨磊展示了自己录的一段视频，他在视频里大声地向这个优雅的女孩表白："今天是 2011 年 5 月 29 日，你一共在画面里出现了 11 回，今天你连续被两个人选为心动女生，心里觉得很不是滋味……我想我听见我心沉沦的声音，一朵花开放，一只蝶破茧，一颗星坠落，一场梦揭晓，都不过如此，每天早晨醒来最大的愉悦，就是想到阳光和你同在，这就是我想要的未来，敖铭，来到我身边吧。"

杨磊的所有行动都令现场女嘉宾非常的感动，通常男嘉宾专门为一个女嘉宾告白的话，其他的女嘉宾都会灭灯。但是面对帅气而又优秀的杨磊，很多的女嘉宾都选择继续亮灯，22 号女嘉宾马晓星更是有点害羞地问道："你非得带敖铭走，别的女孩你都不考虑吗？"

早已经被敖铭的优雅气质所俘虏的杨磊，又怎么会答应其他女嘉宾的追求呢？所以，他还是非常坚定地选择了敖铭。而敖铭呢？她也被眼前这个帅气而又浪漫的男嘉宾所感动，在孟爷爷问她愿不愿意的时候，她坚定地说道，我愿意。

敖铭和杨磊的幸福牵手，让很多观看这期节目的观众都非常羡慕：不论是男嘉宾还是女嘉宾，他们都非常的幸福，一个优雅的女人与一个帅气优秀的男人牵手，这简直就算得上是天作之合了。

姐妹们，如果你们也希望自己像敖铭一样幸福，能够俘虏一个有才华的帅哥的心，那你们就必须像敖铭一样优

雅——只有做个优雅的女人，你才能收获你想要的爱情。

那么，姐妹们，你们该怎么做才能成为一个优雅的女人呢？

你应该有颗优雅的心。胡紫薇说："一个人过了四十岁，必须为自己那张脸负责了。因为相由心生。因为他的容貌就是他灵魂的样子。"所以说，女人要有一份独有的优雅，那就必须有一颗优雅的心。

你还应该时时刻刻都严格要求自己，严格能够催生出优秀学生，严格也能催生出优雅的女人。因此，那些想成为一个优雅女人的姐妹们，你们一定要时时刻刻严格要求自己，千万不能有所放松。

【爱情的芬芳，幸福的滋味】

优雅的女人就是人间的四月天，她们是天际的云烟，她们是轻轻洒落在河畔金柳林里的细雨，更是是一朵一朵的花开，是男人心头的呢喃……姐们们，你们如果想成为一个优雅的女人，那么就要不惜一切代价让自己成为一个有"诗意"的女人。

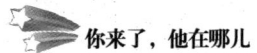

Lesson 2.

优雅女人：一棵开花的树，一本温暖的书

优雅的女人是一颗开花的树，更是一本温暖的书——她们既是赏心悦目的，同时也能够给男人带来足够的精神慰藉。所以，任何一个优雅的女人，都是男人们最喜欢的女人，也只有她们才能是男人心中那棵永不凋零的花。

然而，在当前这个生活节奏越来越快的时代里，越来越多的女人却为了工作而忘记了优雅，她们像男人一样连续通宵加班，为了追求出色的工作业绩而牺牲了生活规律，还不满三十岁就发现自己已经跟个"黄脸婆"一样了，蓦然回首间，才发现自己在成为一个优秀的职场人的同时，却失去了美丽的容颜与女人身上该有的那份优雅，厚厚的粉底再也遮不住自己脸上的疲惫与焦虑……

但是，在《非诚勿扰》的舞台上，我们却会发现：那些光

彩照人的女嘉宾中不但有着美丽的容貌与优雅的气质，而且
还在职场上取得了傲人成就，她们的脸上洋溢着青春的笑容，
有品位的衣着打扮衬托着她们的自信，得体大方的谈吐彰显
出她们的智慧。

这样的女人不成为男人们最喜欢的女人，真可谓是天理
不容。

"大众女神"，这是网友们送给美女甜点师张丹丹的外号。
第一次登上《非诚勿扰》舞台的她，出场时只穿着一身简单
的西式面点师服装，并没有引起太多的关注。

可是，渐渐地，观众们发现这个沈阳来的美女甜点师并
不仅仅是长得漂亮，更为重要的是她有一种气场，一种赏心
悦目的感觉——靓丽的相貌配上高贵典雅的气质，充分彰显
出了一个女人的优雅。所以，张丹丹一站上《非诚勿扰》的舞
台，马上就吸引了众多男嘉宾的目光，很多男嘉宾一站上台
就马上将她选为心动女生。

但是，很多将张丹丹选为心动女生的男嘉宾却没有成功
牵走这位女神，不是他们的长相太差，也不是他们的经济能
力太弱，而是因为他们都不"对味"。张丹丹说："以前，我
就曾经因为一个男生独有的味道迷上了他。自从我来到《非
诚勿扰》，有不少男生都为了我而来，我很开心、很感动。但
生活是很微妙的，我没做出选择，是因为在等待，在等待那
个对的味道。我说的味道不是简单的体味，而是一个人的品

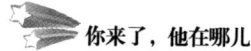

味、气质和气息。他的味道可以在无形中给我一种安全感、幸福感，和一生的依靠。另外，我希望今后两个人能够生活在同一个城市，我不要异地恋，但需要彼此有各自独立的空间。我期待，他能够早日出现。"

一个优雅的女人，自然要找一个优雅的男人，而每一个优雅的女人也都是幸运的——她们肯定能够遇到一个非常优质的男人。不过，令人遗憾的是，"大众女神"张丹丹在《非诚勿扰》的舞台上遇到了很多优质的男人，但是却没有遇到那位令她心动的男人，后来因为生意上的一些事情需要处理而离开了《非诚勿扰》。

虽然，张丹丹没有在节目中成功牵手，但是的她的优雅、她的"女神范儿"却在很长一段时间成为网络上关注的焦点，很多关注她的网友更是经常在贴吧里论坛上留言——

张丹丹，你去哪儿了？

在现实生活中，做一个优雅的女人应该是一件最为幸福的事情，因为优雅是女人一生中获得的最高奖励。

优雅的女人应该是一个美丽的女人，这里的美丽并不是单纯地指拥有一个漂亮的脸蛋。对于一个女人来说，拥有纯净的心灵、高雅的气质、健康的身体与不俗的谈吐就是美丽的。试想一下，一个女人拥有天使的面孔和魔鬼的身材，但是在行为处事上却处处不懂得人之常情，心地险恶处处刁难他人，这样的女人能称之为优雅么？

所以，我们会发现，那些优雅的女人，都有着自己的处事原则：面对渐渐流逝的岁月，她们不害怕苍老，因为很会保养的她们能够将时光的印记从面容上抹去；面对生命中的沧桑和命运的艰辛，她们从来都不害怕失去，因为内心强大的她们总是能够笑对人生。

你，要想成为男人心中的那一棵开花的树、那一本温暖的书，那你就必须有自己的处事原则——只有你恪守自己的生活信念，你才有资本成为一个优雅的女人。

【爱情的芬芳，幸福的滋味】

优雅的女人是一棵开花的树，是一本温暖的书。其实，优雅的女人更应该是一口深不可测的深井，她们不会一目了然地展现在男人们的面前，会令每一个站在她们面前的男人对她们展开丰富的想象——女人只有让男人一眼看不透时，你的优雅才会在他们的心里生根发芽，令他们对你一往情深，不论白天还是黑夜，你都是他们心中的女神。

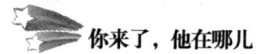
Lesson 3.

昂贵的穿着也可能让你优雅得很"山寨"

很多愚蠢的女人总是认为：身上穿的衣服越昂贵，自己就显得越优雅。

可事实上却是，LV 手袋拎在她们的手上就跟贩菜小贩的腰包一样难看，Dior 的手袋拎在他们手上就跟拎着一个山寨包一样没有档次，阿玛尼的衣服穿在她们身上总给人一种暴发户的感觉——那些没有优雅气质的女人，就是身上穿着世界上最昂贵的衣服，也不可能成为一个优雅的女人。

其实，优雅是一种从内到外的气质，是一个人从骨子里散发出来的气息。如果你身上没有那种优雅的气质，再昂贵的时装和再精致的化妆也不可能让你给人一种赏心悦目的感觉。所以说，女人要想拥有优雅的气质，那就必须从"炼气"开始，只有让你的气质不断地得到提升，你才会像一杯沁人

心脾的清茶，那么的芬芳，那么的有味道，那么的令男人不忍释手。

在《非诚勿扰》的舞台上，那些被观众们捧为"女神"的女嘉宾们，一个个都是兼具美貌与优雅的优质女人。在她们身上，总是散发着一股子独特的味道，既让她们显得那么与众不同，也令无数男人为之倾倒。比如说，直言自己是"创二代"的骆琦，她身上的那股子端庄典雅与谦逊沉稳的高贵气质，就足以令她成为很多男人心目中的理想女人；比如说，"白富美"的邢星，她那股子所特有的"低调奢华"的气质除了不但令男人为之心动，也令女人为其"羡慕嫉妒恨"。

事实上，优雅并不是那些有钱女人的专利，一个普通女人只要不断地提升自己，智慧而又勇敢地选择一种适合自己的生活方式，那么她就有很大可能成为一个令人羡慕的优雅女人。

那么，你该怎么做才能成为一名优雅的女人呢？

（1）优雅的女人都是快乐的。快乐是世界上最神奇的一味良药，它能治疗失败的伤痛，也能够延缓苍老的步伐，一个女人每天生活在快乐之中，不但青春可以在她们脸上驻留更久的时间，从内心深处溢出来的那股子对生活的挚爱与热情也让她们显得与众不同，总是像一朵盛开的鲜花那样令人着迷。

（2）了解自己，能够根据自己的相貌特点去打扮自己。一个女人优不优雅，关键就是看她是否会足够了解自己，知道

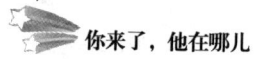

自己适合什么样的衣服，知道自己的脸型适合什么样的妆容，而不是胡乱地打扮自己，什么贵穿什么，什么化妆品有档次就往自己的脸上抹。

（3）寻找一种独特的经营自己的方式，你才会变得优雅。一个会经营自己的女人一定是优雅的，她们会像欧洲古老的酒庄里酝酿出的醇厚红酒，颜色适度，香味醇厚，处处散发着迷人的味道，处处诠释着优雅的秀美。所以说，任何一个想被人用优雅二字形容的女人，都必须学会经营自己。

【爱情的芬芳，幸福的滋味】

优雅的女人经历过风云，所以天空放晴的时候会绽放出彩虹的颜色；优雅的女人经历过坎坷，所以苦难过后会成为铿锵玫瑰。因此，姐妹们，不管我们现在遭遇了什么，也不管我们的未来是多么的不确定，但只要我们相信自己会成为一名优雅的女人，那么未来的我们很可能会拥有独特的魅力，会在"女人花丛"中优雅地盛开。

Lesson 4.

真挚的微笑比天使般纯净的目光更珍贵

倘若，一个女人的脸上失去了笑容，那么她永远不会成为一个优雅的女人，因为笑容是优雅的"重要组成部分"，失去笑容装扮的优雅就如同失去颜色的花朵，不管它开得多么炽热，也不会让人感到花的美丽——脸上挂着淡淡的、暖暖的笑容的女人总是温柔的；温暖淡雅的笑容，是温柔女孩身上最显著的标签。

会笑的女人更显温柔，而温柔是女人战胜男人、俘获男人的一个重要武器。

马云说："人生下来都是柔软的，死的时候都硬梆梆的，女性比男性强大，她懂得上帝给她最好的武器，那就是柔，她懂得包容。在公司里面做得最好的女性也是这样的，但是我另外也感觉到男人和女人是有很大区别的，大家一定要明

123

白你的区别，像王利芬说的，DNA 不一样。我在公司里发现出色的女人，除了武则天这种欣赏男人、用好男人，不抱怨，平常心，感恩之外，女性外柔内刚很厉害的，外面很柔，内部的坚硬非常韧，非常坚强。"

她不一定是《非诚勿扰》舞台上笑得最漂亮的女嘉宾，但是她的笑容却在很多电视观众的脑海里留下了深刻的印象。她就是 23 号女嘉宾，从绿茵场上走来的优雅美女周雨薇。

刚刚登上《非诚勿扰》舞台的周雨薇一出现在大家面前，就让一向以博文广识著称的乐嘉出了一次"小糗"。孟爷爷得知周雨薇在绿茵场上踢的是后腰位置后，便问乐嘉："你知道后腰是什么位置吗？"结果，乐嘉回答不上来。

虽然周雨薇刚刚一登台就让乐嘉出了一次"小糗"，但是乐嘉在看到这个脸上挂着甜甜笑容的美丽女孩之时，还是忍不住带着夸奖的意味调侃道："她长得实在是太美了，她是中国踢足球的女子运动员当中最美的！她每次参加比赛，对面的那些她们的对手啊，一看到她，就心生无比的嫉妒，就想要把她们队给撕裂。后来她的队友说，你长得这么美，对我们队的成绩没有任何帮助，你还是退掉算了。"

美丽的女孩总是抢手的，更何况是一个爱笑的美丽女孩。周雨薇的《非诚勿扰》之旅相比起那些"站神"级女嘉宾而言，可谓是非常短暂，很快她就被来自上海的优质男嘉宾晏明牵走——幸福是那么遥远，又是如此之近，对于一个喜欢

用笑容来装扮自己的女人来说，幸福距离她们从来都很近。

有人说，一个女人是不是幸福，不用看她穿什么、吃什么、住哪里，而只要看她的脸上有没有笑容就能知道。因为，任何一个幸福的女人，脸上都会流露出一股子平静、恬淡的笑容，这种笑容与世无争却又那么的可爱温暖。

然而，在这个焦虑像龙卷风一般席卷全社会的年代里，很多的女孩忘记了微笑，她们或忙于工作，或因为感情上的不顺心，脸上总是挂着比雾霾更沉郁的表情，忘记了微笑。其实，生活中并没有那么多的不如意，有不顺心的时候自然就会有顺心的时候，正如世界著名作家莫泊桑所说的那样，"生活不可能像你想象的那么好，但也不会像你想象的那么糟。"

所以，亲爱的，如果我们要想成为一个优雅美丽而又无比幸福的女人，那么我们就必须做一个爱微笑的女人——真挚的微笑比天使般纯净的目光更珍贵，它不但能扫清别人心头的阴云，也能令自己的内心世界洒满阳光，温暖如初。

【爱情的芬芳，幸福的滋味】

著名漫画家几米说："记住，你是个女孩，高傲是你的象征，自信是你的资本，微笑是你的标志，要奋斗的不是在一个男人面前委曲求全让他看到你的努力，而是好好努力并且等待数年后那个单膝跪地给你无名指戴上戒指的男人。"一个爱笑的女人，一个脸上总是挂着微笑的女人，她一定是

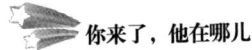

一个温暖的女人，也一定是一个优雅的女人。所以，当我们在生活中遇到挫折，在爱情中遭遇伤痛，那我们也应该让自己笑出来——再痛也能笑出声的女人，上苍一定不会待她很薄。

Lesson 5.

如何做一个幸福的文艺女青年

在《非诚勿扰》的舞台上，那些文艺范儿十足的女嘉宾一直都是不折不扣的抢手货，她们俘虏男人不单单靠自己美丽的外貌，更是凭借自己身上所独有的那股子文化气息轻易掳走男人的心。

毫无疑问，文艺女青年一直是无数男人心目中的一座高塔——丰厚的知识底蕴为她们本就靓丽的容貌蒙上了一层轻柔的薄纱，那层薄纱下的文雅气息，就如同夏日傍晚的凉风，令男人们那颗躁动火热的心在一阵阵清凉中沉醉，甘愿为她们倾尽自己的爱。

正因如此，文艺女青年对于男人的杀伤力极大，不但一般的男人被她们迷得魂不守舍，就连徐志摩、朱自清等那样颇具才学的"极品男人"也对其是梦萦魂牵。徐志摩在《关于女子》一文中写道："诗人就说白郎宁夫人、罗刹蒂小姐、梅奈儿夫人三个名字已经足够辉煌的，小说更不用说，英美的出版界已有女作家超过男作家的趋势，在品质方面也如数量，都是人类不可磨灭的记忆——女子的贡献也在日渐的继长增高。"朱自清则说，"我以为艺术的女人第一是有她的温柔的空气，使人如听着箫管的悠扬，如嗅着玫瑰花的芬芳，如躺着在天鹅绒的厚毯上，她是如水的密如烟的轻，笼罩着我们，我们怎能不欢喜赞叹呢？"

然而，令人深感遗憾的是，备受男人们欢迎的文艺女青年却往往有个悲惨的结局。"民国文艺范儿女神"张爱玲一辈子都活在花花大少胡兰成的阴影里；文艺女青年陆小曼与徐志摩的感情也是起伏不定；"七十年代台湾第一美女"、一身才情的胡因梦与大才子李敖的爱情也是以分手结束。所以，很多女人都希望自己成为一个文艺范儿十足的女人，但是她们处处小心，生怕自己一时不小心步入了张爱玲、陆小曼、胡因梦等"文艺女神"的后尘。

那么，姐妹们，我们该如何做，才能在成为一名文艺女青年的同时又有一个不错的结局呢？

（1）文艺范儿并不代表不食人间烟火。一个穿着白色棉布裙的女孩在清晨的树林里读诗，这样的女孩儿看起来的确够文艺范儿。但是，你能说一个穿着白色棉布裙的女孩在清晨的厨房里煮着咖啡就不够文艺吗？姐妹们，我们可以做一个文艺女青年，但是我们不是不食人间烟火的文艺女青年，

不食人间烟火的是嫦娥、是喝蜂蜜长大终日生活在活死人墓里的小龙女，而不是你！记住，你不食人间烟火，那么你将不会品尝到人世间的幸福，因为你注定与世俗的幸福格格不入。

（2）你可以善感但不能太多愁。有时候，幸福需要一根大条的神经，你若是终日看落花就流泪看流水就伤情，那么你觉得你能幸福么？所以，姐妹们，你要做一个善感的文艺女青年可以，但是你不能太多愁——愁多了，脸上的皱纹多了，头发掉光了，你还怎么文艺呢？

【爱情的芬芳，幸福的滋味】

要想做一个幸福的文艺女青年，其实很简单，那就是生活中不能处处都文艺——该文艺的时候文艺，不该文艺的时候就像一个普通人一样去面对生活，这样的你不但显得文艺范儿十足，更会成为别人眼里最会生活的人。更为重要的是，这样的你不再是高高在上只可远观不可近探的那种"文艺女神"，会很容易就遇见那个珍爱你一生的男人，让自己一辈子都有人疼，有人呵护。

129

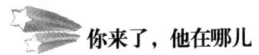

周末小测验·你是不是一名女汉子

（以下小题中选择 a 得 1 分，选择 b 得 2 分，选择 c 得 3 分，选择 d 得 4 分）

1.当你在路上遇到那种"娘娘腔"男生，你会有什么样的反应？

a.看着就来气，要不是路上人太多，姐肯定冲上去扁你一顿，不爷们的男生都该死

b.有点小反感，但是不抵触，相对他们说，下辈子投胎做女人要早点，别晚了

c.无所谓，他们走他们的马路，我过我的天桥，大家都不挨着，谁管谁干嘛

d.吃多了撑的还是咋的，管人家那事儿干嘛，男人都"娘娘腔"才随我意呢

2.你周末出去玩，看到一个老奶奶正在吃力地搬煤气罐，你会？

a.捋起袖子就上去了，心里想着老太太的子女都干嘛去了，然后一口气搬上五楼

b.跑过去与老奶奶一起抬着，然后直接帮老奶奶抬上五楼

c.先跑过去给老奶奶擦擦汗，再等着看路边有没有强壮的帅锅过来，然后再目送帅哥帮老奶奶搬上五楼

d.做好事老板给多发工资还是咋地，坚决不管，老太婆的儿子、女儿都死了么!!!

3.倾慕已久的男生从自己的身边走过，这时候你会怎么样?

a.猛地伸出手拍了对方的肩头，然后仰天长笑，嚯哈哈，你就是那谁啊!

b.好激动，伸出手打了个招呼，大声地问对方吃了么（对方刚从卫生间出来）

c.好激动，又有点害羞，心跳得好快呀，我该怎么办，我该怎么办（男生已走远）

d.什么，老娘的心跳得这么快，受不了了，一扭头，一阵烟（男生只看到她的背影）

4.下班前接到领导通知，明天有活动女生都要穿裙子，你会?

a.要穿裙子为什么不早通知?从来都不穿裙子的我怎么办?怎么办办办办!!!

b.这样的领导我真的想痛殴他一顿，我从大学毕业到现在家里的裙子绝不超过五条

c.是个好消息呀，明天就可以晒晒人家的美腿了，兴奋的都想晚上请领导吃顿饭了

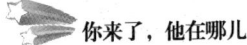

d.我要投诉领导，凭什么不提前通知，老娘要是没有裙子明天是不是就不用上班了！

5.看到一位小女生被男生欺负，这个时候你会做什么？

a.当场火冒三丈，二话不说就冲了上去，就不信男生敢这么欺负女生，打死那小子

b.上去训斥那小子一顿，还真好意思啊，男生打女生，真没有出息

c.太可恶了，怎么会有这样子的男生，急急忙忙去找周围的男人出来劝架

d.一定是那个女的太贱了，做错了事才被打的，那男的也不是啥好鸟，视而不见

6.从记事起，你是不是就一直不怎么化妆？

a.不喜欢化妆，素颜朝天一直就是我的风格，而我现在也确定这是我毕生的风格

b.需要的时候化点淡妆，最讨厌的就是那种浓妆艳抹型的女人，跟狐狸精一样

c.女人天生就是追求美丽的动物，我不化妆那就是对自己的不尊重，女人岂能不化妆

d.想化妆就化妆，不想化妆就不化，我就是我自己，谁也别想我为别人去打扮

7.街边商店的橱窗里摆着一双精致的高跟鞋，你看到会？

a.没什么感觉呀，不就是一双高跟鞋么，又不是没见过，再说了我从来只喜欢平底鞋

132

b.会多看两眼，但不是特别想买，因为我并不是"高跟鞋控"，看看就好

c.感觉身体开始不受控制了，我要买下这双高跟鞋，人家可是真正的"高跟鞋控"呀

d.不就是一双高跟鞋么，有什么好大惊小怪的，喜欢就买，不喜欢就走人吧

8.同事穿了一件颜色与她气质不符的衣服，此时你会怎么样？

a.那谁，你怎么这么不注意啊，这件衣服你都穿得出来，赶紧回家去换衣服吧

b.你的这件衣服还真的很精神，不过，我还是觉得你昨天的那件衣服比这件要好很多

c.亲，你的这件衣服有点不符合你的气质哦，咱们下班一起去买衣服吧

d.我早就恨死那贱人了，还指望着我给她指出衣服不好看，真是有没有天理了

【测试结果】

8—17分：如果说地球上没有了男生，那么你们就是最接近男生的女生。你们的胸腔中跳动着一颗男人的心，脑细胞中充斥着男性思维，除了生理体征是女生以外，基本上你们就是不折不扣的雄性动物了。所以，亲爱滴，尊称你为一声女汉子，相信不会引起你的太多反感吧。其实，你心里对这

个称呼是很满意的是么？不要再装啦，装可不是女汉子的性格啊，通讯以吼为主交通以跑为主的你们怎么说也是值得被尊重的"半雄性动物"嘛。不过，亲，需要友情提醒的是：谁说女汉子就不能妩媚了？多一点妩媚，你可以活得更精彩！

18—27分：很庆幸吧，自己的女汉子指数竟然不是很高。那这么说来，你不是女汉子阵营中的一员的话，那么你肯定就是一个萌妹子了吧。其实，对于你不是女汉子就是萌妹子的说法并不完全支持。我想说的是，你是一个不错的女生，浑身上下都显露出女生特有的韵味与特征（这话怎么感觉哪里不对），可是你也要更温婉可人一些才能算得上是一名萌妹子。如果你还是以现在的标准去对待的话，那么你可能会迅速地滑向女汉子的阵营。

28分以上：既然已经这个样子了，那么你也没有什么好哭的了，你既不属于女汉子阵营，又与萌妹子一点儿都不沾边，看上去就像一群特殊的人（好像你们本来就是一群特殊的人），对于你们我想说的是：你可以痛恨这个世界，但是你不能扭曲自己；你可以不欣赏别人，但是你不能连自己都不欣赏。最后，请记住泰戈尔的那句话，"世界以痛吻我，我却报之以歌"。

第六课

痛楚的笑忘书

——男人如此残酷，女人必须精明

　　残酷是爱情的世界里永远无法消逝的主题，这里风景如画引人留恋，这里却也硝烟弥漫战争不断。男人与女人这对欢喜冤家，既能够彼此相亲相爱地快乐相处，也会纷争不断刀剑相向。不过，每每在幸福画上句号，战场上的硝烟逐渐散去之后，女人们却颓然地发现：在男人与女人的这场战争中，失去最多的往往是女人，轻者丢掉爱情，重者连生活都陷入了困境，而大多数男人却继续潇洒地穿梭在红粉丛林中，又伺机向新的猎物发动攻击。

　　男人，为什么总是如此的残酷？女人，为什么总是如此的容易受伤？这也许是世界上最复杂的问题，可能世界上最伟大的智者也不能回答。其实，知道答案与否并没有那么重要，重要的是，你们必须要记住：既然错过了曾经，那就必须珍惜当下；既然尝过男人给的苦酒，那就必须变得精明。

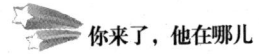
Lesson 1.
你应该比男人更了解男人

假如潘金莲不开窗户，不会遇西门庆；不遇西门不会出轨；不出轨，武松不会逼上梁山；武松不上梁山，方腊不会被擒，可取得大宋江山；不会有靖康耻、金兵入关，不会有大清朝；不会闭关锁国，不会有鸦片战争八国联军。中国将是世界上唯一的超级大国，其他诸侯都是浮云。小潘呀，闲着没事你她妈的开什么窗户！

——引自网上的一个笑话

将自己的错误归罪于女人，将自己的失败归罪于女人，这是男人们为自己的平庸来进行狡辩的一个重要理由——正如上面的这一则笑话。

学贯中西的文学大师林语堂在《女人》一文中写道：

"我喜欢女人，就如她们平常的模样，用不着神魂颠倒，也用不着满腹心酸。她们能看一切的矛盾、浅薄、浮华，我很依赖她们的直觉和生存的本能——她们所谓的第六感（The sixth sense）。在她们重感情轻理智的表面之下，她们能攫住现实，而且比男人更接近人生，我很尊重这个，她们懂得人生，而男人却只知理论。她们了解男人，而男人却永不了解女人。"

那么，真像林语堂先生所说的这般，女人了解男儿而男人却永远不了解女人吗？其实未必，或许还可以说，世界上真正了解男人掌控男人的女人并不是很多。男人，一直以来就是一种奇怪的动物，他们想法比女人更多更奇怪，因此了解起来也比女人更难了解。所以，姐妹们，我们要想在爱情中争取主动权，那么就必须比男人更了解女人。

可是，很多的女人非但不了解男人，还往往陷入男人们布下的"残酷圈套"之中，为了和自己所爱的男人白头到老不惜放弃了自己的一切，与很多人都淡了关系。结果，他走了，他们也没有了。在《非诚勿扰》里，我们也经常能够看到一些女嘉宾在谈起自己感情经历之时痛哭流涕，她们把心交给了男人，结果男人们却把她们的心伤到痛彻灵魂。

仔细想想，女人们之所以轻易就陷入男人们布下的"残酷圈套"中，从来不想着去了解男人，很大的一个原因就是她们不够精明，总是把自己当作男人的附属品，把男人当作自己一辈子的靠山——"男人是女人一辈子的靠山"，这条卡在中国女性脖子上长达千余年之久的精神枷锁至今依然白光

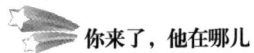

铮亮，很多的中国女人还是摆脱不了这条枷锁的束缚。她们有着很高的经济收入，有着令很多男人汗颜的出色能力，漂亮的面孔以及出众的气质，可是她们就是没有独立性，她们觉得为了男人牺牲自己的事业，牺牲展示自己的机会，甚至牺牲自己的一生都是天经地义的。

女同胞们，就别在做天上掉馅饼的美梦了，你在男人身上付出的越多可能最后收获的越少。君不见，秦香莲含辛茹苦奉养公婆抚育儿女，穷耕苦织供丈夫读书考状元，最终却等来了陈世美这千古第一负心汉；君不见，杜十娘一腔痴情，最终却是怒沉百宝箱。所以，姐妹们，你们再不了解男人，那么你们只能是一辈子吃男人的亏、上男人的当，最后又被男人当作废弃物一样处理掉。

为此，你们应该比男人更了解男人。

【爱情的芬芳，幸福的滋味】

每一个女人都想拥有一个温暖的家，拥有一个能够陪她温暖过一生的男人，希望自己今生今生都能够像一颗珍珠一样被男人握在手掌心。可是，滚滚红尘之间，男人们最喜欢的女人总是下一位——女人的痴情是一辈子，男人的痴情往往是一阵子，你若不比男人更了解男人，那么你的未来可能会陷入痛苦的深渊。女人们，精明一点吧，就从现在开始！

138

Lesson 2.

遇到贴心的男人，就踏踏实实地爱一场吧

　　每个人都有这样的经历吧，躺在夜里却怎么也睡不着。会有许多许多的画面在自己的脑海里，曾经的你，曾经的我，曾经的我们。或悲或喜，或忧或痛。其实，回忆已经成为了我们的习惯，习惯在夜里享受孤独，习惯在夜里独自哀伤。我，不想习惯，却无力更改。

　　　　　　　　　　　　　　　　——摘自几米漫画

　　遇到了贴心的男人，就踏踏实实地爱一场吧。

　　这句话说起来很简单，可是真正要做起来却很难，因为很多女人都是很容易犯贱的。她们遇不到那些对她好的男人之时，整天一副眼泪汪汪的表情，谁见了她都跟感觉见了祥林嫂似的，就算不吐一言不漏半点悲戚之色，那眼神里偶尔

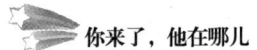

飘荡出的一丝悲戚之色也会让人知道她们的苦楚。可是，当她们遇到了贴心的男人之时，却又表现得犹犹豫豫，举棋不定，一次犯贱后又接连犯贱，以"考验"为名对那些对自己好的男人百般折磨，最终让自己又重新过上祥林嫂的生活。

亲，如果正在阅读这一段的你确定你就是这样的女人，那么奉劝你，赶紧闭门思过去吧，想想自己犯了多少贱，犯贱的时候错过了多少对自己的好的男人。假如刚好有那么一位被你在上一分钟"犯贱"犯跑的贴心男人，那么你就赶紧开门去追吧，再晚了就追不回来了，追不回来的话你就得等到下一位出现，你又不是西施或者安吉丽娜·朱莉，等下一位贴心的好男人出现又是猴年马月的事情了！

所以，你应该经常问问自己："今天，你犯贱了么？"

小眼睛美女李璐也是《非诚勿扰》舞台上的"传奇女神"之一。

六岁那年她第一次开始接触到了舞蹈，然后一跳就跳到现在。而舞蹈不仅带给了她高挑颀长的身材，还给了她出众的气质——站在《非诚勿扰》舞台上的她，就像一朵夏日的清荷，清新中透着骨子高贵，高贵中又不失邻家女孩的可爱。

所以，自从李璐登上《非诚勿扰》的舞台之后，她马上成为了男嘉宾们最喜欢的女生，几乎每一场都会有男嘉宾将她选为心动女生。不过，一心等着"贴心人"出现的李璐并没有随便做出决定，直到她等的那个人出现。

著名女星李念的哥哥李思早在登上《非诚勿扰》的舞台

之前就认识了李璐，可是他对李璐的表白都没有得到回应。于是，害怕李璐被别的男嘉宾牵走的他，决定走上节目再向李璐表白一次——站在《非诚勿扰》舞台上的他，以跪地告白、玫瑰花海、精美礼服等各种浪漫的方式向心中的她表白，尤其是他在 VCR 中讲道，"我关心你有没有休息好，因为你总是工作到半夜，我会叮嘱你按时吃饭，就算为了赶时间也不要只吃泡面，我喜欢看你朋友圈里的每一个瞬间，我听到你唱歌，会傻傻地笑出声，你不说话的时候，我会像被掏空了一样。"

不仅仅是李璐，现场的其他女嘉宾们也被感动的一塌糊涂。面对如此贴心的男人，李璐毫不犹豫地选择了牵手——一出王子与公主幸福牵手的戏就这样在现实中上演，那场极致的浪漫令无数人感动到落泪……

女人，如果遇见了贴心的好男人，那就赶紧选择牵手吧！

很多的女人在遇到那个贴心的好男人之际，往往都会因为一些其他因素而舍弃对方，比如说对方皮肤黝黑，头发有点自然卷，声音不够磁性等等。其实，这些问题都不是大问题，只要你用心去接受他们，他们的这些缺点也有可能变成你很喜欢的优点。

当然，也有一些女生是因为对方不够浪漫而放弃对方的。对于这些的女生，最衷心的劝告就是：你需要的是一个爱你的男人，而不是一个会制造浪漫的编剧。倘若你这一辈子要真是能遇见一位给你制造一辈子浪漫的高明编剧那也可以啊，

可是这样的男人会有吗？如果有的话，那这样的男人可能真的是一个连母猪都会上树的年代里才能孕育出的奇葩。

孟爷爷说："有些事情说了不一定有用，但不说一定没用。"生活中何尝不是如此，在面对自己钟情的男人之时，如果你不及伸手抓住，那么你可能会一无所获，因为等待着对方像你一直主动也是很不现实的，男人对女人的耐性总是有限的。如果你一点儿都不主动，那么你就会变得很被动，而在情感的世界里被动往往更容易让一场美丽的姻缘变成镜中花水中月。

所以，当你有一天遇见了那个令你感到踏实的男人之时，就不要再故作矜持或犹犹豫豫了，伸出手，抓住爱，才是你做出的最明智选择。

【爱情的芬芳，幸福的滋味】

莎士比亚说："女人，你的名字叫做脆弱。"事实上，女人并不是天生的弱者，她们在生活中所表现出的脆弱，基本上都是生活经历所造成的，多次的选择失败之后，她们在面临新的选择之时就会变得畏畏缩缩，就算遇到那个对自己很贴心的男人，她们也不敢敞开自己的怀抱去拥抱爱情，而是眼睁睁地看着爱情从自己的身边溜走。因此，对于那些在脆弱的姐妹来说，最紧要的事情就是要让自己的内心迅速地强大起来，遇到爱之时一定不能畏缩——遇到贴心的男人，就踏踏实实地爱一场吧，这也是最精明的选择！

Lesson 3.

别再沉迷于"爱情狂想曲"

男人是现实的奴隶，女人是精神的奴隶。

这句话乍一看好像很不通顺，但是细细一琢磨还是有那么股子味道。

在对待爱情这件事上，男人总是显得比女人游刃有余，除了他们在生理条件上和社会条件上占有一定的优势之外，一个非常主要的问题就是女人都喜欢沉迷于"爱情狂想曲"中。恋爱伊始，男人就开始想象什么时候能和女人有极为深入的交流，这种深入交流并不仅限于吃饭、牵手、看电影那么简单。有句话说的好，男人都是下半身动物，很多时候他们所想象的深入交流自然是指与下半身有关的活动。然而，大部分女人的想法却恰恰相反，她们认为如果开始和一个男人交往，那么他就应该理所当然地关怀她一辈子，他应该没

有任何借口地陪她看一辈子电影，他应该总是一副享受的模样与她牵手一辈子。

快醒醒吧，傻女人们，如果再继续沉迷于这样的"爱情狂想曲"中，那么你不但要做一辈子的精神的奴隶，还会一辈子成为男人的奴隶——世界上总有很多的"贱男"，他们正是利用女人的这一特点，在女人们的脖子上套上一条精神枷锁，一辈子把你禁锢在他的手里，而他，却可能是"人生处处好风流，彩旗四面飘不停。"

艾美是一个从来不把赌注押在男人身上的女人，在她生活的字典里除了男人还有孩子，咖啡，时尚杂志，音乐会门票，以及事业和环球旅行。

2011年春天的时候，三十七岁的艾美和自己的"十年婚姻"说了再见。离婚是艾美提出来的，理由也非常的简单，她无法忍受老公和年轻貌美的女秘书同居在一起的事实。

离婚的时候，艾美没要丈夫一分钱，当初两个人一起在北京奋斗的第一栋房子也给了老公，她唯一带走的"共同财产"就是孩子。离婚后，周围的朋友都以为艾美会痛苦一段时间，可是她的生活却比之前更多姿多彩。

她每天把自己和孩子租住的公寓收拾得一尘不染，阳台上摆满了鲜花绿草，客厅里养着一大缸金鱼，茶几上摆着几种不同质地的杯子，分别用来喝不同的茶和咖啡。

她每天都严格控制自己的体重，不管是在公司里还是家

里，她从来不吃当日"饮食计划单"上没有罗列出来的食物，裙子、西装、牛仔裤，不管是穿什么衣服都平平整整，看上去就像刚从洗衣店熨烫好的一样。

她每天都坚持用法语说话，朋友们问她为什么每天都还在坚持时她说："我大学里就学的法语专业，你去过卢浮宫吗？你想站在塞纳河畔看夕阳落下吗？我想。"

关于艾美离婚后的表现，亲戚朋友们都觉得她是不甘心，毕竟她曾那么爱她的老公，现在她努力让自己活得这么精彩，目的就是要让丈夫后悔，后悔失去了她这样一个好老婆。所以，亲戚朋友和她在一起聊天的时候，都很少谈起她和她老公的事情，不予置评，唯恐看起来时刻神经紧绷的她会突然断裂。然而，艾美却并没有"时刻神经紧绷"，她这样生活的目的就是为了生活，与老公无关，与嫉妒心无关，她只是活给她自己，活给她深爱的孩子。

两年之后，同样也是在春天里，艾美又传来了婚讯：她和一个小她 5 岁的法国留学生结婚了。她的法国小丈夫叫做萨卡多，一个家里有个葡萄酒酒庄，每次看到艾美时眼睛里都闪着爱的光泽的高鼻梁帅哥。对于艾美的孩子，萨卡多更是十分喜欢，遇到朋友时都会说："她们两个都是上帝送给我最珍贵的礼物"。

现在，大家终于明白了：原来上苍对艾美如此不薄，原来一个女人只要不把自己的一生像赌注一般押在一个男人身上，她一定不会过得太凄惨，一定会有一个幸福的人生。

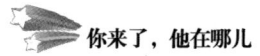

艾美的故事，也许是世界上最幸福女人的故事。

在《非常勿扰》的舞台上，我们经常能够看到很多漂亮的单亲妈妈站在镜头前，她们有着优雅姣好的面孔，成熟女人所特有的谈吐，与那些没有步入过婚姻殿堂的女嘉宾比起来，一点儿都不逊色，甚至比她们更多了一份女人味儿——她们，就是《非诚勿扰》舞台上的艾美，她们明白一个女人活着的目的不仅仅是为了心爱的男人，更要为自己活，如果让自己的生活失去了精彩，那么和生活在中世纪的奴隶又有什么区别？

所以，亲们，如果你还傻傻地把男人当作这辈子唯一依靠的话，你是不是应该想想你的脑袋是不是已经被驴踢了，而且还是一下子被踢成一锅浆糊的那种。青春易逝，爱情难寻，但绝不代表你找到男人以后就该把他当成上帝当成全世界。现在，你最应该干的一件事情就是把之前的错误思维、错误想法都统统从你的大脑里清理出去吧，要是把那些"垃圾思想"都能格式化一下，你就赶紧按下确定键吧！

女人们，你们要珍惜青春，要珍惜来之不易的爱情，但是更应该珍惜自己的精彩生活，切记：因为男人而不再让生活继续精彩的女人，她们的青春年华就全当喂了狗了！那些让你的生活不再丰富多彩的男人，赶紧放手离开吧，这种男人堪称女人灵魂的"丧门星"，永远不值得你去爱，不值得你去浪费青春年华！

青春易逝，不要再为不值得的爱辗转难眠了！

【爱情的芬芳，幸福的滋味】

蔡康永说："你恋爱了，只是你爱的人，有时并不真的存在。他可能只是一堵无辜的白墙，被你狂热地把自己心里最向往的爱情电影，全部在他身上投影一遍。"女人的思维永远在"情"与"爱"两个字徘徊，而男人的思维却并不是像女人想象的那么简单、单纯。所以，作为一个女人，要想早日抓住爱，一生都不做男人的奴隶，那么就早点从"爱情狂想曲"中走出来吧。

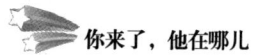

Lesson 4.

单数的你总有一天会变成双数

睁开眼，我是一个单数

单数吃饭

幻想着谁能与我分享这美味的一餐

单数看书

享受着一个人的静谧时光

单数参加聚会

偶尔也会平白无故的发呆

单数上班

单数穿梭在陌生的城市

单数淹没在汹涌的人海

我想象有一天

我找到了一个单数

我们能成为一个双数

我想象有一天

我们可以像其他情侣一样

手拉着手，逛街，散步

沐浴阳光，共度未来

我想象有一天

我的情人节，不再孤单

我想象有一天

你能知道，我有多喜欢你

　　——"乔帮主"乔绍恒写给"小林志玲"聂倩的诗

　　"乔帮主"讲给"聂小倩"的这段话堪称是世界上最感人的情书，如果有个音乐人能为这段话谱个曲，相信这也会是一首非常能打动人心的情歌——《非诚勿扰》的舞台上站出过很多位女神，几乎每一个女神走的时候都拥有一个宏大且异常感人的场面，而女神聂倩被乔绍恒牵走的那一场景，应该算是其中最经典的一幕。

　　长发飘飘，浑身上下散发着一股子优雅气息的17号女嘉宾聂倩自从登上《非诚勿扰》的舞台以来，一直就是男人们心目中的女神。外号有着"小林志玲"之称的她，在面对"土豪哥"甘玉峰等优质男人的痴情追求之时，一直都坚定地选择说"不"——很多女人在面对令她们感动的男人之时，总

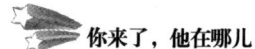

是会大乱阵脚，大脑瞬间变成一锅浆糊，往往是把感动当成了心动，慌乱中做出了违背自己内心的决定，事后往往后悔得想去跳楼。

感动并不意味着心动，感动与心动往往就在一念之间，一念过后，你有可能选择对，也有可能选择错，就如同硬币的两面，随手一抛，落地的那一刻才知道是正面还是反面。

聂倩在拒绝了甘玉峰等很多女人想嫁而不能嫁的优质男人，再加上她从来没有为男嘉宾留灯过，因此也招致了很多的非议。有人说她太过挑剔，有人说她太过高傲，也有人说她太过冷艳且心胸不够宽广，好像谁都容不下，看谁都不入眼，看上去就是一个"冰美人"。

然而，真实的聂倩却不是这样子的，因为成长环境和情感经历的缘故，不懂圆滑做人的她内心极度缺乏安全感。很小的时候就经历了父母离异，跟着外婆长大的她曾经谈过几次恋爱，每一次都像飞蛾扑火一样绝对痴心，这是她的这番痴心绝对换来的却是绝对伤心。于是，面对那些非议，她淡然地说道："当我们站在舞台上、聚光灯下，无论优点还是缺点都可能会被放大。我不是挑剔，只是缺乏安全感。我希望我等的那个人，是为我而来的，而我就是他唯一的心动女生，在这个过程中他最好不要有任何的犹豫或者纠结。然后还要有眼缘，那么我才可能会跟他走。还有，我心胸挺宽广的。无论大家说我什么，我都不会生气。感谢那些温暖的声音，给我力量；感谢那些直白的评价，让我成长。"

就这样，聂倩迎来了那个将她由单数变成双数的男人——曾参演过《痞子英雄》等知名影片的台湾帅哥乔绍恒专程为她而来，然而第一次专程为她而来的乔绍恒却阴差阳错地被她灭了灯，第二次，为她专程而来的乔绍恒一上台就向她告白，希望能够让单数的他和她成为双数的他们。

就在很多人都觉得聂倩将还会像之前一样继续选择灭灯之际，她却突然选择了爆灯，并深情地唱道："等待着你，等待你紧紧拥抱着我。告诉我，你的心里只有我，除了我别无所求……"歌声未落，她已泪流满面，然后观众听到她哽咽着说道："我说过一句话，我要么灭灯，要么爆灯！我相信，只要自己真诚地坚持，总会等来那个真心为我的人。我相信，我等到了。"惊喜异常的乔绍恒也跟着说道："我真的以为这一次又是一个人走，她从来不给人留灯的，看到她爆灯我真的呆住了，大脑一下就空白了。幸福来得太突然了，太开心了！"

幸福的一幕就这样诞生，在《非诚勿扰》的舞台上站了很久的女神，终于和自己心动的人手牵手走下了舞台——他不但令她感动，更令她心动。

有时候，幸福就是这样扑面而来的，只要你坚持自己的内心，坚持自己的选择，上帝就会给你恩赐，就像女神聂倩那样。

聂倩和乔绍恒的经历告诉我们：只要自己坚持自己所爱，坚持自己内心的选择，终有一天会告别单数的生活，迎来双

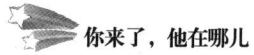

数的人生。看着聂倩和乔绍恒幸福牵手，宁财神老师更是很动情地说道："我刚过来第一期的时候，就觉得聂倩是24个女孩当中最笨的一个。其实自己什么都没做，就弄得人神共愤的。每次拒绝男嘉宾的理由都如此不得体，编一个谎她都编不了。可能因为从小生活在离异家庭，没有大人教她该如何很得体地在这个丛林里生存。以后男生和她在一起多教教她为人处世，不要再那么笨无缘无故被骂了。"

茫茫人海，有多少人每天都像一个单数一样生活着，又有多少人有幸能尽快脱离单数生活。因此，当我们在为聂倩和乔绍恒的牵手感动之时，是不是也应该问问自己：我究竟怎么样才能摆脱单数生活？

关于这个问题的答案，你问一千个人可能会有一千个答案，但你要记住的是：当青春已经所剩无多的时候，当年轻即将成为一种回忆的时候，你更应该听从自己的内心，因为选择令你心动男人结束自己的单数生活，远远胜过于选择一个令你感动却不能令你心动的男人。

谁令你心动，你才应该为谁行动。当然，那个能够和你一起进行双数生活的男人，除了令你感动之外，还要合适——自己最喜欢的鞋子永远是既漂亮又合脚的鞋子，那些漂亮的令你心动，却对不上尺寸的鞋子，还是留给那些合适的人吧。

找个能够给你幸福双数生活的男人，就是一种最聪明的选择。

【爱情的芬芳，幸福的滋味】

没有女人世界，就如同没有灯光的世界，白天还好说，到了晚上男人们就两眼一片漆黑。

其实，女人，也同样如此。可是，姑娘们，你们千万不能因为感动而忘了心动，观察一个男人是不是令你心动，最好的办法就是多观察（貌似除了这样也没啥法子），深入了解之后所产生的"怦然心动"才是真正的心动，这种心动不会欺骗你，会为你选来一个你真正满意的另一半。

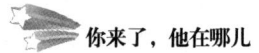

Lesson 5.
自己不做"备胎"，也别把别人当"备胎"

　　在汽车的后备箱中，通常会放着一个"备胎"，当发生意外的情况时，帮助汽车能够继续我们的旅程；当我们的爱情遭遇危机的时候，我们也总是狡猾地为自己保留爱情的"备胎"，以防止爱情"抛锚"，继续自己的爱情之路。

　　所谓"备胎"，就是备用的轮胎，除非爆胎，否则备胎是永远都无法转为正胎的，爱情的"备胎"同样如此，如果入不了对方的法眼，即使自己甘为备胎，放下身段，默默等待，甘心付出，诚惶诚恐，小心翼翼，只为对方投来一个暧昧的眼神，那么这样摇摇欲坠的关系，在对方找到真正爱人的那一刻，便会顷刻瓦解，而你所有的付出，也会消失殆尽。

　　四十五岁的邓平在《非诚勿扰》舞台上播放的 VCR 里动

154

情地说道："此生一直有一件事，让我一直很无奈，就在我老爸临终前，我都没有带一个女朋友给他看。今年过年时，我弟弟非要我跪在我爸的坟前发誓，2013 年，一定要带一个女朋友回家。现在很多优秀的女生，手上攥着一大把男生，在慢慢挑选，我不知道台上的各位优秀女生，怎么看待这个现象。我喜欢你的同时，可能还有其他的男生喜欢你。我愿意给你时间，让你去慢慢地了解我，做一段时间的备胎，这样的我有魅力吗？"

可以说，邓平所提出的"备胎"两个字就像一根导火索，场上的交流气氛也随之变得激烈起来，有女嘉宾问邓平，"备胎也可以放在很多车上，从另一个角度来说，你是不是也把别人当备胎呢？"，也有女嘉宾批评邓平这样太不积极是不会争取到自己想要的爱情的。

对于邓平甘愿做备胎的想法，黄菡老师也问道："男嘉宾我来问你一个问题啊，你主动提出来可以做备胎，这样还是比较少有男人这样表达的。"邓平的回答是："我是这样的，因为怎么说呢，我做出这个决定也不是无条件的，就是说因为大家有时候刚开始认识的时候，就是说她可能有多一种选择，因为我感觉现在的靓女，凡是稍微靓一点点的，手上都可能有好几个，在慢慢挑，慢慢选，因为我已经是一个很成熟的人了，我说我觉得她刚开始的时候，慢慢挑选这个没有关系，但如果说三个月以后，半年以后，我肯定不会当她那个备胎了。除非是那种，我喜欢的不得了，那种你死我

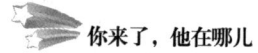

活，水生火热，也可能会。一般不会。"

虽然邓平的这席话说得很不错，但是甘愿做备胎的他却没有因此赢得女嘉宾们的好感，最终的结局还是遗憾离场。

我们明明知道做备胎的可悲下场，为什么还在爱情中甘愿沦为"备胎"呢？说到底，还是对爱情太过执着，始终抱有一种侥幸，期盼对方能够因为自己的执着和痴心而真正爱上自己。备胎注定是受伤的，长时间以一种旁观的角度默默关注着对方的生活，当看到别人幸福的牵手，对自己来说却带着无尽的痛苦和哀伤。如果你有勇气承受巨大的痛苦，为什么没有勇气在成为备胎之前，及时醒悟，脱离这一切？

在爱情中，你是否曾经做过别人的"备胎"呢？是否曾经喜欢一个人到无以复加，甘愿为他做任何事？即使明知道对方已经有了喜欢的对象，还是要在一边默默付出，苦苦等待，守着那一点微弱的希望？在爱情中，你是否有过这样的"备胎"呢？总有一个人为你默默付出，你对他不是毫无感觉，但是却如同鸡肋一般，食之无味，弃之可惜，一旦遇到相爱的那个人，便把备胎一脚踢开？如果你的答案是肯定的，那么不用多说，个中滋味，自是如鱼饮水，冷暖自知了。

记得在某一部电视剧里有这样的一句话："爱情，最终只有两种结果，爱或者不爱，爱没有次爱，更没有爱情备胎。"纯粹的爱情是容不下任何沙子的，不是甘愿做绿叶，装

点别人的世界，更不是自己深爱的人离开了，就拉一个爱自己的上来弥补空缺。爱就是爱，不爱就是不爱，没有中间，不存在次爱，更不应该有爱情备胎。也许备胎有备胎的安全感，但是一个备胎花费的精力远远比真心经营一份彼此相爱的感情要困难得多，而且得不偿失。只有不懂爱的人才会做爱情的备胎，才会想要一个爱情的备胎。真正聪明的人应该寻找一份保鲜的爱情，而不是安全的爱情。

爱一个人，对方却迟迟不能给你肯定的回应，那么我们不如潇洒离去，用你的行动告诉他，失去你，是他的损失。即使低眉顺眼和趾高气昂都难掩心中的痛苦，但是后者却能为你赢来尊严。

【爱情的芬芳，幸福的滋味】

在爱情中仍有自己底线的女人是大家都非常欣赏的。这个世界上的爱情是难以捉摸的，也没有无条件和无期限的爱情。如果为了追随一个男人，甘愿放弃自己的骄傲和自豪，那么从此你的生活，便永远得不到真正的快乐的自由。爱情是相互尊重，相互珍惜，即使在爱情中有苦痛，也仍然坚持为真爱等待，绝不做备胎，也不做别人的备胎，如果能做到如此，在别人眼里，你永远是最值得被珍惜的宝贝。

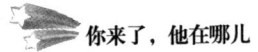

周末小测验·你是不是容易被伤害的女人

（以下小题中选择 a 得 1 分，选择 b 得 2 分，选择 c 得 3 分，选择 d 得 4 分）

1.你去一家公司面试，却发现面试官是你的高中同学，你会？

a.没想到自己运气这么好，竟然在这里遇见了老同学，他肯定会帮我的

b.非常惊讶，但也非常担心，他会不会因为我是熟人而不录用，熟人用起来不方便

c.顺其自然，同学是同学，工作是工作，他该怎么办就怎么办

d.扭头就走，我怎么会在他手下工作呢，上高中时向我要小抄被我拒绝过 N 次

2.暗恋了很久的那个男孩有了女朋友，你会有什么样的感觉？

a.悲剧啊悲剧，我正准备找个恰当的时间去表白呢，怎么会这样子呢，好难过

b.很难过，不过那个女生比我漂亮多了，幸亏没跟他在一起，他以后遇见这个女的肯定出轨，心里暗暗的庆幸

c.心很疼，那个女生跟他真的好配，对他也非常好，那就祝愿他们恩爱幸福地生活吧

d.我想去杀了那个女的，她有什么好的，不就是脸蛋漂亮一点吗，女人只能看脸蛋吗

3.心情不好的时候你会怎么办？

a.我怎么会心情不好呢，那就放开肚皮去吃东西吧，好吃的能让坏心情一扫而光

b.心情不好的话就找几个朋友去 KTV，唱唱歌，放松一下子就不会心情不好了

c.一个人躲在房间里听音乐，音响的音量调得很大，不跟任何人说话

d.我天天心情不好，又能怎么样，我也想心情好，可是谁管我呀

4.男朋友很爱你，但是他的朋友中女人远远多过于男人，你会？

a.很是担心，老是疑神疑鬼的，总是去检查他的手机、邮箱和微信

b.我也很爱他，但是我就是有点担心，没准那一天他就被哪个狐狸精给勾引走了

c.没什么好担心的，我爱他但不指望着能相爱一辈子，爱就在一起，不爱就分开

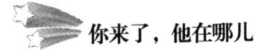

d.他根本就不是什么好鸟，跟这个打情，与那个骂俏，就一风流胚子，坚决要分手

5.你遇见了巫婆，巫婆要给你一件披风，你希望是什么颜色的？

a.肯定是红色啊，火红火红的披风，披在身上一定很拉风

b.我想要的是绿色的披风，披在身上感觉很清爽，心情会很不错

c.我想要的是咖啡色的，因为我喜欢披披风，可以拿回家做一个沙发坐垫

d.我要黑色的披风，更希望巫婆能收我为徒，因为我的世界里只有黑色

6.你最喜欢的一本书被朋友借走后遗失了，你会怎么办？

a.怎么这么不小心啊，真是太令我心痛了，我开始考虑我们之间的友谊还能不能存在

b.丢了就丢了吧，回头再买一本，虽然很不开心，但是也不算是什么大事

c.幸亏遗失的是书而不是朋友，书丢了还可以再买，朋友丢了就出大事了

d.这种事情是不会在我身上发生的，不是因为我的书概不外借，而是因为我没有朋友

7.男朋友给你买了一份生日礼物，但你不是很喜欢，你会？

a.到底是不是我男朋友啊，连我喜欢什么都不知道，看来

我得好好教训他一番了

b.不喜欢又能怎么着吧，就这样拿着吧，好歹比没有生日礼物要好很多

c.虽说不是很喜欢，但这也是他的一份心意，知道他爱我就好了

d.拒不接受，我一年就过一次生日，你还送我不喜欢的东西，摆明了就是想分手

8.看到街头的一对老人手牵着手在散步，这时候你会想起什么？

a.真是羡慕死人了，我老了以后一定也要这么幸福，这是必须滴

b.有点羡慕，不过经常见到，也没有什么太多地感触

c.这也许就是人世间最温暖的画面之一，携子之手与子偕老，好感人

d.都这么大年纪了还出来得瑟，是晒幸福吗？我看是出来准备碰瓷的

【测试结果】

8—16分：孩子，你虽然是一个容易受伤的女人，但是这并不可怕，可怕的是世界上再也没有好男人了。一旦世界上再也没有了好男人，那么像你这样容易受伤害的女人肯定会被那些坏男人给活活折磨死。不过，话又说回来了，你们既然如此的容易受伤，那么你自身的复原恢复水平肯定也非常

不错。所以，孩子们，咱们没有什么好担心的，只要自己的胸口能够放得敞亮一些，那么还有伤痛不会被跨越呢？

17—24分：亲，你基本上已经做到了百毒难侵的地步了。喂，请看好是"百毒难侵"不是"百毒不侵"，虽说你是个不容易受伤的女人，内心十分的强大，但是你却往往因为内心太过坚强而受伤害，那些容易受伤的女人遇到了不顺心的事情，有很多人去安慰她们，而你却不行，你身边的人几乎都不会为你担心。所以，这种无意识的非故意的冷漠会让你心生不快，久而久之也会感觉到伤痛。因此，你们需要做的就是时刻告诉自己：没事儿，不就那么点事儿么，何必总是耿耿于怀呢？

25分以上：对于你的崇拜已经犹如滔滔江水一发而不可收拾了，你的心里究竟是生了多大一场瘟疫呀，竟然连善良、同情、感恩等优秀品质都被瘟疫给消灭了，你现在的大部分价值观是不对的，只要你还继续这么思考、生活下去，那么你绝对会成为一个著名的街头人物，不管是东村的李阿姨还是西村的王奶奶，只要一提起你就开始使用不文明语言，街坊邻居对你的热议堪比新闻头条。所以，你现在最应该做的就是重新塑造自己！

第七课

心若不静，真爱难觅

——顺其自然，爱情自然来敲门

你是否因为某一个人而从一座城市里仓皇出逃过，来不及带走那温暖的回忆与刻骨铭心的幸福，更来不及带走那摔成一地碎片的青春？你是否因为一场如烟花般美丽而又短暂的爱情，而迟迟无法走出心灵的创伤期？

如果是的，那么请你一定要坚强起来，一定要做个静心的女人，平静地去面对爱情中的坎坷与生命中的崎岖，因为不管你怎么着急、焦虑、抱怨，该走的人还是一定会走，该受的伤还是逃无可逃，这都是人生中必经的历程——缘起缘灭，恍若四时，不管你爱与不爱，它都往来匆匆，绝不等你。

一切，顺其自然吧。

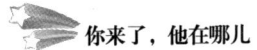

Lesson 1.

世界如此喧嚣，你内心必须宁静

　　无论我如何地去追索，年轻的你只如云影掠过，而你微笑的面容极浅极淡，逐渐隐没在日落后的群岚。遂翻开那发黄的扉页，命运将它装订得极为拙劣，含着泪我一读再读，却不得不承认，青春是一本太仓促的书。

——摘自席慕容的《青春》

　　不仅仅只有青春是一本太仓促的书，人生又何尝不是呢？

　　桃花开了春天就来了，梅花开了冬天就到了，你心中沉睡了好多年的那颗白莲花终于为一个人盛开了，可是幸福的爱情却没有如约而至——爱情从来没有时节，它的到来与风无关，与雨无关，只与缘分有关——缘分总是那么的仓促，往往是我们还没有来得及看见它的整个模样，它的背影已经成为了一道

模糊的风景。

　　而当爱情渐渐远去的时候，很多的女人开始变得暴躁、焦虑，甚至是自己不能控制自己，整日生活在痛苦或者仇恨当中。她们希望有男人来爱自己，但是又害怕接着受到男人的伤害，往前走害怕触礁，往后走又是那么的不甘心，于是只能在原地徘徊。

　　亲爱的，你再这样徘徊下去的结果就是自己一岁一岁老去但依旧孤独，总觉的自己一事无成，只能是让自己越来越对自己失败。那么此时，你是不是应该想想，你现在处于这样一种不利的状态中真的是因为自己从感情生活的阴影里走不出来吗？

　　其实，并不是你从感情生活的阴影里走不出来，而是你没有一颗足够的安静的心——世界如此的喧嚣，身边本来就有许多的让你感到挫折的东西，你身边的很多人都过得比你好，曾经放弃你的那个他也可能过得比你好，似乎你的生活中幸福指数一直远远低于别人，这令你心烦意乱，总是拿那段失败的感情当作自己不够振作不够强大的挡箭牌，你痛苦的最大源头就是别人有而你却没有。

　　在《非诚勿扰》的舞台上，我们听见一些男女嘉宾抱怨自己的生活没有别人好，自己总是遇到一些对自己不够好的人，可是他们从来不说自己得到过什么，自己是不是也对别人不够好，每每看到这一幕的时候，我们是不是也会在想他们一样抱怨呢？姐妹们，你们还是趁早停止抱怨吧，其实生

活远远不是我们所想象的那样，你不能只看到自己没有什么，而是应该换个角度重新审视自己审视生活，看看自己已经有了什么，如此你才会静下心来，直至遇见那个幸福的自己。

姐妹们，你们一定要知道：静心是世界上最好的化妆师，她能够装扮出世界上受男人欢迎的漂亮女人——每一个静心的女人都是聪明的女人，她们性格沉静，举止优雅，一举一动中都透出一股子静谧祥和的气质，是无数男人心目中的女神，也是上帝最愿意赐给她们幸福的女人。

对于一个女人来说，一旦拥有了静心的力量，就能够保证自己的青春不会飞快地流逝，因为平心静气的女人在生活中总是从容的，不管爱情的旅途上布满了多少的荆棘，也不管人生的道路上布满着多少的阻碍，她们都能够按照自己的内心去爱、去生活，始终保持着她们所独有的那份单纯与简朴，静下心来去面对尘世的喧嚣。

所以说，你要想做一个幸福的女人，那就必须拥有一颗安静的心——世界如此喧嚣，你内心必须宁静。

【爱情的芬芳，幸福的滋味】

静心的女人最美丽，她们那沉静的气质与静谧而又清澈的心灵，总是让她们的脸上绽放出迷人的光彩。所以，姐妹们，如果我们想要在这喧嚣的世界里拥有一份平静却幸福的爱情，那么就让我们放弃浮躁与焦虑，从做一个静心的女人开始吧。

Lesson 2.

幸福的爱情就是坐在自行车后也能笑出声

有句话说的很好："人间的喜剧和金钱不一定有直接关联，而悲剧则大多和金钱息息相关。在我们拼命赚钱的时候，快乐其实一直都在；而当我们想要用金钱购买快乐的时候，却发现快乐原来是无价的。"

在当前这个物质充裕的时代，越来越多的女人却开始成为"物质女"，在她们的眼里凡事都是可以用钱来实现的，哪怕是人世间最珍贵的爱情也必须用足够多的金钱去称重。所以，她们的爱情信条就是：只有用金钱堆积起来的爱情才是值得去投入的，选男人的标准是看对方开什么样的车，住多大的房子，以及银行存款背后有几个零。

可是，用金钱堆积起来的爱情就真的幸福吗？未必（这个是大家都知道的答案），因为爱情中惨杂的太多的物质后就

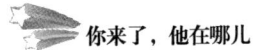

容易变质，纯度会大大降低。当然，不是说没有了金钱的爱情就幸福，而是既要有面包也要有爱情，不能一头重一头轻，只顾及面包的重量会让爱情变轻，只注重爱情则会失去面包让生活陷入困顿。

一提到女嘉宾马诺，喜欢看《非诚勿扰》的观众们的脑海里蹦出来的第一个词应该就是"拜金女"。

马诺之所以有这么一个称号，完全是因为她的那一句"宁愿坐在宝马车里面哭，也不愿坐在自行车后面笑"。马诺的这句话一出口，不但在《非诚勿扰》的舞台上掀起了轩然大波，整个社会上对其的反响也很激烈，很多的网友在微博上、论坛上、贴吧里对马诺这种"拜金女"展开了激烈的争辩。

有人说，马诺的这种做法并没有什么不对，放眼天下哪个人不爱钱，她只不过是说出自己心中所想的话，根本就不需要给她扣上"拜金女"的大帽子，另外她这种敢说心里话的勇气也是值得称赞的，证明其是一个单纯直接的好女孩。

也有人说，马诺就是这个物质时代中被恶劣社会风气所腐蚀的典型代表，她的想法实在是太令人发指了，如果每一个人都拿着金钱去换取感情，那和买卖有什么分别呢？这样的人看似单纯直接，实际上比任何人都要虚伪奸诈。

可以说，马诺的出现让很多人对"拜金"这个话题产生了兴趣，不管是支持的一方还是反对的一方，都是公说公有

理婆说婆有理。但是，我们静下心去思考一下，还是会发现：爱情就是一种纯度很高的东西，房子、车子甚至戒指其实都不是最主要的东西，它们只是爱在现实生活中的一种物质表现，不能没有但是却不能以此去衡量爱情，一个亿万富翁送给你一辆价值百万的豪车并不代表他就真的很爱你，一个工薪阶层的普通人送给你一辆自行车并不代表他就不爱你。

谁到底真正的爱你？那就要看他给你的东西是不是他最缺少的——有钱没时间的人愿意拿出更多的时间去陪你，证明他真的很爱你；有时间没有钱的人愿意努力去挣钱供你花销，那也证明他真的很爱你。

在这个物欲横流的社会中，我们每天都要面对很多的诱惑，有时候就算你不愿意攀比，但别人却总是和你处处攀比。久而久之，你面对诱惑时的抵御能力就小了许多，在别人处处和你进行攀比的时候你也会开始暗暗较劲，一天两天，一年两年，渐渐地你就变成了另外的一个你，甚至是那个你从不认识的你，你会在面对爱情的时候先考虑对方有没有房子，房子在市中心还是在郊区？对方有没有车子，是进口的还是国产的？而不是从一开始就去考虑爱情的纯度以及对方爱你的浓度。

可惜正是因为这样，你的爱情就此变得前途未卜，他可能会把你的名字写在房本上但不会写进心里，或者说在你要求将你的名字写在房本上的那一刻，你在他的心里就变得不

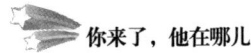

再那么重要，甚至还没有房子重要。他可能送你一辆豪车取悦你，但是他心里可能会觉得只要有钱就能够买走你的一生，不管你快不快乐。

所以，聪明的女人会选择顺其自然，安安静静地去守护自己的爱情，她们会让男人们心甘情愿地把房本和车钥匙放在她们的掌心，因为她们在男人的心中是最值得信赖的人，觉得她们是自己愿意托付终生的人。

姐妹们，爱情其实并没有那么复杂也没有那么昂贵，我们要找的男人未必是开宝马车的，而是能把你载在自行车后还能够给你面包给你一路美好风景的好男人。

【爱情的芬芳，幸福的滋味】

什么是幸福的爱情呢？谁又是真正爱你的人呢？

答案就是：他没有自行车的时候会陪着你散步，他有自行车的时候会载着你去看田野里的风景，不管未来他开的是宝马还是私家飞机，只要你能永远坐在他的副驾驶位置上，那么你的爱情就是幸福的——幸福的爱情就是你坐在自行车后，也能笑得很大声、很开心。

Lesson 3.

不要执着于"第一眼"：眼缘有时害死人

一见钟情的爱情总是让人羡慕的，也是无数人都渴望得到的爱情。可是，在很多的一见钟情的背后，是无奈是伤痛更是怨恨，因为一见钟情这个结果是第一眼印象所产生，即我们常说的眼缘。

可事实上，眼缘有时候会害死人，因为这个世界上根本就没有人能够一眼看透人心——仅仅凭借着第一眼印象便草率牵手的情侣，大多的时候都会因为了解不深或者爱情的浓度没有达到一开始的期望值而分手，甚至由情侣变为"仇人"，老死不相往来。

所以，姐妹们，我们在寻找爱情的旅程中，一定要静心下来仔细地观察，切记不要因为对某个人有良好的第一印象就疯狂地投入进去，结果不但没有找对那个可以托付终身的

171

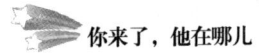

人，还让自己在爱情中遍体鳞伤。

不过，姐妹们，我们在不让自己因为眼缘而受伤的同时，也不能完全忽视眼缘的作用，要理性地去琢磨对方给自己的第一印象。比如说，你想找一个有房有车有存款的高富帅男生，结果却遇见了一个第一印象给你是个"淘汰男"的男生，他们的硬性条件达不到你的要求，但是他们身上的潜力却是很大的，而这个时候就需要你仔细的琢磨了，看看"不好的第一印象"背后是不是有值得自己想要的其他东西，如果他们所拥有的其他优质条件远远比你给自己规定的第一眼印象要达到的条件多得多，那么你是不是应该做出改变了，而不再执着于"第一眼"？

黄蔼老师说："很多人找对象太理想化，有硬性的择偶框架，或在最后选择时由于某一个客观条件不满意而拒绝，比如地域、年龄、身高长相的细致要求。其实，择偶成功率的高低不会因为第一眼的印象决定。希望大家在情感抉择上多给彼此机会和空间，宽容别人，审视自己，这也是脱单的重要法则。"

最后，我要说的是：茫茫人海，滚滚红尘，两个人的相遇其实就是一场缘分，我们在相信眼缘的同时，也要学会静下心来去冷静地思考，谁是自己真正最想要的那一位，谁是会与自己牵手百年相看不厌的爱情伴侣，而不是仅仅从第一眼印象出发，随意地去评判一个人与自己适不适合，甚至随意地去为一段缘分解开帷幕或划上句号。

【爱情的芬芳，幸福的滋味】

　　第一眼印象不好的男人，未必不是你最合适的另一半；第一眼印象很好的男人，未必就是与你携手白头的那一位——你到底该怎样做出对的选择，那就看你的内心是不是足够宁静，你的选择是不是遵从自己的内心。

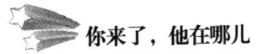
Lesson 4.
沟通好了，爱情就能长长久久

　　如果两个人在牵手的过程中总是无法进行良好的沟通，那么他们注定是无法牵手一辈子的——良好的沟通是男人与女人之间维持良好关系的纽带，一旦这条纽带出现了问题，那么两人之间的关系便岌岌可危。

　　在《非诚勿扰》的舞台上，很多优秀的男嘉宾刚刚一站上台的时候24盏灯全亮，非常的受女嘉宾欢迎。可是，还没有等第一段视频资料播放完毕，场上的女嘉宾已经有一大半灭掉了面前的红灯，更有甚者还没有等第一段视频资料播放完毕，场上的24位女嘉宾已经全部灭灯——这种"惨剧"发生的时候，除了男嘉宾的某一方面出现了令女嘉宾不认可的情况外，其在沟通过程中引发的一些问题也是造成这种"惨剧"的罪魁祸首之一。

事实上，男人与女人之间的沟通问题一直是让双方非常头疼的问题之一。而男人与女人之间沟通出现问题的一个最根本原因则是心不够静——女人们总是担心男人会出轨，会为了金钱、权力等男人最喜欢的东西而放弃自己，放弃两人之间辛苦经营起来的爱情；男人总是担心女人会紧紧地束缚住自己，会不让自己有管钱的权利，会不让自己有较多的出入交际场的时间。

正因如此，男人与女人之间的沟通总是因为双方的心都不够静而经常产生歧义。比如说，男人要求女人多给自己一点零花钱和空闲时间，女人就会担心男人是不是在外面闯了祸，究竟是欠了赌债还是欠了某个女人的情。而当女人要求男人多给自己一些隐私权的时候，男人也同样会疑心女人是不是出轨了，还是女人自己有着什么见不得光的小算盘。总之一句话，在爱情中缺少一颗安静的心，成为了阻碍男人与女人保持良好沟通关系的重要阻碍。

所以说，姐妹们，我们要想与自己相爱的人长长久久地生活在一起，那么我们就必须拥有良好的沟通技巧，与爱的人经常沟通，有效地清除爱情中的杂质，从而确保爱情的纯度不受影响，最终两人相亲相爱地生活一生。

那么，男人与女人在沟通的过程中如何保持内心的安宁平静呢？

（1）相信对方像自己一样不会对爱情做出不忠诚的事情。都说信任是相互的，当你相信别人的时候别人也会相信你。

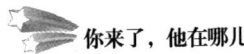

所以，姐妹们，我们要让自己与心爱的那个他保持良好的沟通关系，那么我们就相信他，相信他是爱你的，相信他对这份爱是时刻保持忠诚的，如此我们才会让自己的内心安静下来，心平气和地去与对方沟通，从而让双方之间保持良好的沟通关系。

（2）学会站在对方的立场上去思考问题。很多时候，我们的内心不够宁静，就是因为凡事只站在自己的立场上思考，不懂得体谅对方，最终导致双方之间的沟通关系出现重重矛盾。所以，姐妹们，我们要想守住自己的爱情，要想每天都与心爱的人保持良好的沟通，那么我们就必须学会站在对方的立场上去思考问题。

【爱情的芬芳，幸福的滋味】

著名婚恋作家金韵蓉说："身处爱情中的两个人，就像是坐在跷跷板的两端，任何一方的过度用力或漫不经心都会让跷跷板失衡。彼此不断调整，不断沟通，爱情才能长长久久。"爱情的滋味总是那么的浓稠，就如同一碗黏糊糊、滚烫烫的芝麻糊，滋味是那么的香甜绵长，可是一不小心就会被烫伤舌头，而我们不要爱情这碗甜蜜的热芝麻糊烫着嘴，那就必须经常沟通，让两人之间的关系保持合适的温度，如此才会让爱你能长长久久。

Lesson 5.

静下心来，只靠自己而活

对于一个女人来说，人生最大的希望是什么？相信，有一大半女人会给出这样一个答案：好希望自己拥有一份不沉闷的工作；在不是自己如花似玉的年纪里，遇见一个长得还不算不难看的男人，谈一场不咸也不淡的恋爱，拥有一个没有争吵只有祝福的婚礼，生养一个可爱漂亮的宝贝，平平安安地度过自己这恬淡的一生，我们想要的，其实一直就是这么简单。

可是，因为我们的内心不够宁静，这样一个简单的爱情与人生总是迟迟无法达到。事实上，很多女人的内心之所以不够宁静，就是因为她们错误地把男人当作自己的一切，在她们的眼里男人就是头顶的那片天，她们可以全身心地去为男人付出一切，只求他们能够为自己遮风挡雨。因此，只要

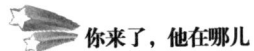

她们所依赖的男人那里一出现一丁点的风吹草动，她们马上就会风声鹤唳草木皆兵，那颗原本就不够宁静的心更是波澜四起，最终每天都疑神疑鬼，生活中剩下的只有猜忌与不安。

基本上，这类女人都是愚蠢的女人，因为把自己的一生寄托在一个男人身上的做法都是愚蠢透顶的——女人，你为何不去做一个静心的女人呢？你要知道，与其将所有的赌注都押在一个男人身上，还不如去好好地为自己而活，因为这个世界上最愿意帮助你的人只有你自己。

著名漫画家、作家丰子恺说："你若爱，生活哪里都可爱。你若恨，生活哪里都可恨。你若感恩，处处可感恩。你若成长，事事可成长。不是世界选择了你，是你选择了这个世界。既然无处可躲，不如傻乐。既然无处可逃，不如喜悦。既然没有净土，不如静心。既然没有如愿，不如释然。"

做一个静心的女人，懂得释然，懂得为自己而活，这对于女人来说无疑是最聪明的选择，因为这可以让女人独立，也更有谋求幸福、追求浪漫爱情的底气与资本。乐嘉老师说："当女人经济独立时，她对男人的要求也会从平面的审美上升到立体，这是个逐渐发展的过程，因为她离开了任何一个男人，都能活得很好。这种物质上的从容，让她放慢了对婚姻和爱情的脚步，不再像猴急的大姑娘，拼命想嫁给一口锅，而不管这锅里是什么材质。女人，只有经济独立，才更有底气做其它。"

所以，姐妹们，我们还有什么理由再让自己成为一个依

靠男人而活的女人呢？我们只有静下心来，思考明白自己究竟是为什么而活、为谁而活的问题，才能够更好地去面对男人，面对这个世界，最终让自己成为一个幸福的女人。

【爱情的芬芳，幸福的滋味】

有人说："一个女人不学习，就像清水煮面，吃得饱没有味道；一个爱学习的女人就像一本好书，看了一页还想看下一页；漂亮的女人只能让男人停下，智慧的女人能让男人留下！让一个男人爱上一个女人很容易，但让一个男人既爱这个女人又尊重这个女人却不容易，所以女人只有经济独立、思想独立、能力独立才能人格独立！"可以说，这句话真说到女人的心坎里去了，我们只有为自己而活，才能够活得漂亮，才能够做一个心平气静的美丽女人。

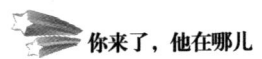

周末小测验·你是不是一个心平气和的女人

（以下小题中选择 a 得 1 分，选择 b 得 2 分，选择 c 得 3 分，选择 d 得 4 分）

1.一碰见不顺心的事情你就会？

a.遇到了不顺心的事情自然就会大动肝火啊，谁在不顺心的事情面前还心平气和的

b.碰见了不顺心的事情会生气，但不会特别生气，除非是事情非常严重

c.碰到了就碰到了，人生自然是有很多不顺心的事情，何必用生气来惩罚自己呢

d.我从记事起，生活的主题就是"不顺心"，现在身体不好，就是因为一直不顺心

2.你男朋友出门不小心被自行车撞了，但没受伤，你会？

a.狠狠地骂对方一顿，你是在中国长大的么，怎么骑个自行车都能撞到人

b.很心疼男朋友，要求对方道歉，斥责对方以后骑自行车多长个眼睛

c.男朋友没事儿就好，对方也不是故意的，接着逛街

d.这种骑车不长眼的天生就不是好东西，如果撞到出内伤怎么办，要求去医院检查

3.你是不是总有一种想逃离当前的生活去过流浪的生活呢？

a.一直都有这种想法，总是觉得当前的生活太过压抑，令人心生烦躁，但不强烈

b.偶尔会有，但不是特别强烈，流浪的生活可能只是看着很美而已

c.如果说现在的生活令我感到压抑的话，那我要比之前更努力地生活，而不是去流浪

d.我已经一个人在当前的生活中流浪了很多年了，何必又追求那种形式呢

4.死神突然出现在了你的面前，要求和你做一笔交易，你会？

a.难道我是马上要死了么？只要不拿走我的生命，我什么都愿意拿出来做交换

b.心里很害怕，但是还很理智，先看看他要什么再决定给不给

c.每一个人都是要死的，这一辈子怎么都躲不过去的，何必非要跟死神做交易呢

d.我早就想见到死神了，没想到今天给碰上了，死神，你带走我的灵魂吧

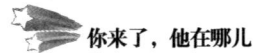

5.如果有一天晚上你失恋了，凌晨三点的时候你在做什么？

a.一个人躲在被窝里哭泣，好难过，头很乱，不知道自己明天会怎么样

b.还在翻看之前他写给我的邮件和短信，一遍一遍地回味，好心痛

c.虽然觉得这不算是什么大事情，但是心情还是很低沉，只好拉闺蜜起来跟我聊天

d.失恋这个词已经和我绝缘好多年了，这个问题我根本不用回答

6.一觉醒来发现世界上就剩下你一个人了，你会怎么办？

a.天呐！这到底让我怎么活，还不如成为消失人群中的一员呢，只好自己让自己消失

b.赶紧找找周围还有什么生存物资，上帝留下我一个人，就是要饿我几天才让我死吗

c.先冷静地观察一下子，如果眼前的一切都发生了改变，那就再睡一觉，看醒来会不会恢复原样

d.真好，这个世界上就剩下我一个人了，再也没有人来烦我了，我要跳一支舞庆祝

7.回家的时候发现被一个陌生男人尾随，这个时候你会怎么办？

a.哇哦，竟然有人尾随我，是抢钱还是劫色，劫色是不是说明我很漂亮，赶快回家

b.小样的，竟然敢尾随我，是不想活了么，转身就上去大声质问，你有什么企图

c.马上偷偷报警，尽量往人多的地方走，不给对方任何的下手机会

d.有人尾随我！抢钱，钱包里还有几枚硬币，劫色，到时候还不一定谁劫谁呢

8.准备好好过个"国庆黄金周"，结果小区通知停电三天，你会？

a.我这是造了什么孽了，这种百年一遇的倒霉事儿竟然让我赶上了，去闺蜜家

b.有点烦心，不过这几天正好过几天清静日子，在蜡烛下看书的感觉其实也很好

c.没什么感觉，既然断电了那就去郊外的农家客栈住几天，好好接触下大自然

d.断电好啊，这样就不会有人来我家玩了，一下子省去很多开支，心情马上阴转晴

【测试结果】

8—16分：知道你为什么一直无法走向成功么？知道你为什么总是大动肝火么？因为你从来都不是一个心平气和的女人。对于你来说，有时候在别人眼里你就是一只愤怒的小鸟，一旦谁触动了你那敏感的神经，基本上下场都会很惨。你虽然不是一个心平气和的女人，但是你基本上也算是对人畜无

害的那一类的。因此，你要在保持自己善良的品性的同时，更要学会控制自己的情绪，如此你才会在 N 年之后成为一个心平气和的女人。

17—25 分：作为一个心平气和的女人，相信你对这样的测算结果并不是太过在意。你每天的生活都如一池平静的湖水，波澜不兴，但是你的生活也正是因为这种难得的平静而深感幸福。所以，亲爱的，你现在最需要做的事情就是继续让自己的内心平静下去，要知道，内心平静的女人最幸福。

26 分以上：请原谅我的心胸是如此的狭隘吧，竟然不能包容你们这一类人的存在。你们非但不是一个内心平和的人，而且还是一群心理有问题的女人，对于男人们来说你们就是一个恐怖的存在。好了，我也不多说什么了，你们要想生活幸福，得到周围人的欢迎，那么你们就得多为别人想想，别心里只装得下自己容不下别人，只有不再把别人想象的像你一样狭隘，那么你们会惊奇地发现，原来这个世界是如此的美好！

第八课

男人是世界上最奇特的动物

——不了解男人受宠一阵子，
了解男人受宠一辈子

问世间男人为何物？只不过是万千动物中的一种。

但是，男人这种动物却远远比老虎、狮子等食肉动物恐怖一千倍——他们都向往没有束缚的自由生活，但有时候却会为了一个女人而停下漂泊的脚步；他们爱女人就像爱猎物，没追到的时候穷追猛打不追到不放手，狩猎成功则是很快对女人失去了兴趣；他们对女人好的时候恨不得永远将其捧在手掌心，不好的时候则恨不得将女人扔到地球的另一端……

总之，男人就是这样一种奇特的动物，你对他又爱又恨，却又欲罢不能忘。女人，如果你不了解男人这种"奇葩"动物，那么你的一生中必然会因为男人吃不少亏，遭不少罪。

记住，了解男人受宠一阵子，了解男人受宠一辈子！

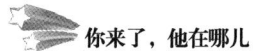

Lesson 1.

别轻易相信那些"口香糖男人"

何谓"口香糖男人"？

简而言之，"口香糖男人"就是那些在泡女人时特别爱黏人的男人。当他们将你视作为自己的猎物之时，就会像块烦人的口香糖一样黏在你的左右，你去商场他们就去商场，你逛书店他们就跟着去逛书店，单位派你去外地出差的时候一天能够接到十多个他们打来的电话，甚至在你上卫生间的时候他们也会站在不远处。

而通常，这类男人对于女人的杀伤力是非常之大的，因为他们的"口香糖战术"总是能够打动女人内心最柔软的地方——有这么一个愿意天天陪在自己左右的男人，哪个女人不喜欢呢？

可偏偏，这类"口香糖男人"却是一种很危险的男人，他

们喜欢一个女人的时候能够做出连老天也感动得哭了的事情，但是当他们不喜欢一个女人的时候却能够做出让女人叫天天不应的事情。你觉得他们像口香糖之时，他们也把你看做是口香糖，一旦你被他们吞进了嘴里，过不了多久，你就会成为马路边上的小一块儿黑色物体。

在《非诚勿扰》的舞台上，我们也经常能够看到一些女嘉宾一脸悲戚地吐槽那些"口香糖男人"，他追你的时候你感觉自己就是世界上最幸福的女人，不管在哪里都能够感觉到他的气息，当你成为他的女人之后他却慢慢地开始疏远你，直到有一天你再也感觉不到他的气息。

那么，作为一名女人，你该怎么样去分辨哪些是"口香糖男人"呢？

（1）追你时表现得异常狂热的男人。对于一个正常男人来说，他在喜欢上一个女人的最初，都会尽量表现出自己有风度的一面来，靠自己的魅力来吸引你，而不是以异于常人的狂热来摧毁你的心理防线。所以，对于那些在追你时表现得异常狂热的男人来说，你还是小心为妙。毕竟，越狂热的感情越容易冷淡，就如同满月易蚀一般。

（2）如果一个男人在一开始就会为你干一些不可思议的事情，甚至一些丢面子的事情，那么他十有八九就是一个"口香糖男人"。对于男人来说什么最重要，金钱？权利？女人？可能都不是，对他们来说最重要的可能就是面子，而面子通常就是男人们的尊严。所以，当一个人追你的时候都狂

187

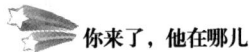

热到连面子也不顾的时候，那他可能并不是非常爱你，追上你才是最有面子的事情。

【爱情的芬芳，幸福的滋味】

放眼望去，全球内外，多少"口香糖男人"，不管未来怎样，他们都是女人们的祸害。所以，姐妹们，我们在面对那些追自己的男人之时，一定要睁大眼睛自己观察，一旦遇上那种"口香糖男人"，那么我们最应该做出的决策就是，三十六计，走为上计！

Lesson 2.
那些男人为什么不想结婚

在《非诚勿扰》的舞台上，我们总是能够听见一些女嘉宾悲愤的倾诉，与自己相爱多年的男友在即将步入婚姻的殿堂之时，对方却突然宣布分手或人间蒸发了。其实，在现实生活中突然悔婚的男人非常之多，很多女人前一秒还憧憬着盛大的婚礼和婚后的美好生活，下一秒却突然成为了一个不知道爱情和婚姻在哪里的悲惨女人。

在恋爱时，男人和女人明明爱得死去活来，缠绵悱恻，可是女人一直苦苦等待和幻想的男人求婚的那一幕，却迟迟不来，最后，女人因为失望提出分手，两人的爱情无疾而终。对于这样的状况，男人会潇洒的来一句："是我们有缘无份。"为了怕自己深爱的男人离开，有些女人委曲求全，在爱情中为自己编织梦想，认为结婚只是一张纸而已，代表不了

189

恋人不可替代的爱情，可是她们不知道，就是因为没有这张纸，却成为男人们继续潇洒和自由的理由。而一旦如此，就决定了两人不可能长久的恋爱下去。爱情也有保质期，一旦过了这个时间，在不温不火，不咸不淡的日子里，没有任何束缚，对担负起家庭责任有所恐惧的男人来说，婚姻，无疑是一个巨大的坎儿，恐怕终身都不会去努力实现。

在当前这个充满诱惑的花花世界中流连忘返，对每一个暧昧的眼神充满期待和幻想，对未知的人事的好奇和摸索，似乎成为了人类的本能，这一点在男人身上表现得更加深刻。不以结婚为目的的恋爱，让男人成为玩弄感情的浪子，被人鄙视的"流氓"。即使被扣上如此恶劣的"帽子"，还是不能阻止一个个伤心欲绝的女人在没有结果的爱情中黯然退场。

《红楼梦》里说，"女人是水做的，男人是泥做的。"一点不假，女人在伤心难过的时候，可以倾诉，可以痛哭，可以撒娇。而男人不同，男人来到这个世界，似乎就被赋予了坚强和独立的品质，需要扮演一个铁骨硬汉的角色，他们不喜欢被束缚，喜欢征服世界，探索世界。他们同样喜欢恋爱，在爱情中享受着保护女人的快感，拥有女人的快乐，同时却保持着骨子里喜欢自由的天性。于是，你越是想要控制他，套牢他，反而会让他离你更远。一根筋的女人往往碰得头破血流，不欢而散。对于男人这样的心理，有心计的女人大可以跟男人斗智斗勇，吃一堑长一智，因为你爱他，宁愿在爱情里学会捉摸他的心理，最后收放自如，修成正果。

　　然而，对一部分男人来说，不愿意结婚的原因是他还在观察。他想要不断地尝试，想要寻找真正适合自己的女人。他可以一边说着爱你的情话，另一边又迟迟不和你注册结婚，结为连理。对于这样的男人，甜言蜜语的哄骗只不过是掩饰自己真实目的的把戏。有的男人常说："找女朋友可以很容易，但找老婆一定要慎重。"这种逛超市的心理让女人深恶痛绝。而这样做的代价则是，因为他们伤害了太多的女人，而自己最终也往往不再相信爱情，遍寻不到自己的"真命公主"。

　　抛开时代的因素不管，结婚的确是男人需要承担巨大责任的代名词。抛开男人的天性不管，结婚也的确是男人被束缚的枷锁。男人有这么多的理由，作为女人的我们，在面对一个不想结婚的男人时，你选择苦苦等候，还是潇洒的装神离开呢？实际上，感情用事不是聪明的做法，逼婚的结果只能让对方越退越远，而动不动就喜欢提出分手也是最不讨好的办法。但凡到了逼婚的地步，也说明女人大多已经付出了很多青春。在年龄面前，女人仙人不占优势了，如此轻易地分手，再重新开始一段恋情，又怎么保证这次恋情会有结果？

　　因此，女人一定要清醒地认识到，自己相处的男人是哪一种？而自己最需要的又是什么样的婚姻；对男人不想结婚的原因仔细分析，作出理智的选择。如果男人原本就是玩世不恭的浪子，那么女人没有必要为这样的男人等下去，不如早点抽身。如果男人是一个负责的男人，只不过不具备一定的经济基础，那么，再过几年，等待条件成熟也无妨。

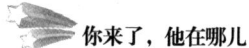

但这一切，都必须建立在 你们彼此相互信任的基础上，同时也不要忽视时间对一个人的改变。

【爱情的芬芳，幸福的滋味】

姐妹们，你们必须要知道，男人是善变的动物，很多时候，最考验我们的不是小三，而是时间。在漫长的从爱情走进婚姻的道路中，我们需要打起一切精神，同男人们斗智斗勇，引导他们心甘情愿地走进婚姻的殿堂。让他们知道，婚姻并不是爱情的坟墓，而是幸福生活的另一种模式。

Lesson 3.

真爱你的男人绝不会把你宠得无法无天

在《非诚勿扰》的舞台上，我们经常能够看到一些女嘉宾在那里歇斯底里叫喊，希望早日遇见那个能把自己宠得无法无天的男嘉宾，从早上起床到晚上上床睡觉能够一天二十四小时陪着自己，不管自己是在月球上还是在火星上，只要自己一个电话对方就能屁颠屁颠地出现在自己的面前，要是想吃什么对方马上就能出去买，要是想穿什么对方马上就去网上血拼，只要是自己想要的，对方不管是卖房买车甚至卖血都会去弄到。

对于这些女嘉宾和这一类女人，我想说的只有一句话：您赶快从童话故事里走出来吧。

姐妹们，咱们早点相信这个亘古不变的真理的吧，就算日月并行黄河水倒流也无法改变这一事实：真爱你的男人绝

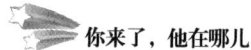

不会把你宠得无法无天，因为他要对你负责，如果把你宠溺成一个爱情和婚姻里的坏孩子，那么你们的爱情如何长久，你们的婚姻如何长期保鲜？地球上还没有生长出数十年如一日地为一个女人提升自己的"包容指数"的男人，就算上帝不小心制造出来了这么几个极品中之极品的男人，而你也不会很容易地就遇到他，要知道，能遇见这样的极品男人的几率可是几十亿分之一呀！

所以，大多数时候，你都同大多数女人一样，遇到的都是大多数看起来很类似的男人，他们可能一开始会很宠你，让你感觉你就是世界上最幸福的女人。可是，随着时间的流逝，岁月的侵蚀，你却发现他们对你的憎恨与厌恶要远远多过于对你的喜欢，你在他们的眼里可能就连燃烧殆尽的烟屁股都不如，烟屁股他们还会恋恋不舍地咂两口再扔进垃圾桶里，而你呢？除非是迫不得已要和你说话，其他时间他们懒得多看你一眼，至于恋恋不舍这个词，你也只能在回忆初恋时光的时候才想起他们也曾那样温柔地看过你。

因此，我想要告诉你们的是：就算有个男人的理想是把你宠得无法无天，那你也不能让他实现这一理想。你不想想，要是有一天他不要你了，你该怎么办？谁还能够像他那样宠溺你，包容你？

所以，那些已经眼角布满鱼尾纹还不愿意从小时候读的童话故事中走出来的女人们，你们现在最应该做的事情就是：别指望着男人如何把你宠得无法无天了，还是想想自己该怎

么把男人了解得透透彻彻的，千万别让爱幻想的自己成为男人轻而易举就获取的猎物，只有你真正了解了男人，你才会明白男人绝不会把你宠得无法无天的，因为没有男人愿意遭那一份活罪！

【爱情的芬芳，幸福的滋味】

男人宠溺女人是男人天生的职责，但是这种宠溺也是有度的。如果一个男人总是不停地宠溺你，那么他可能并不是真正地对你好，除非他能宠溺你一辈子。一个真正爱你的男人，一定是想方设法的让你变得更优秀的男人，而不是让你在溺爱中变得只会饭来张口衣来伸手，因为这样对他对你都不好。

Lesson 4.
男人最爱居家型女人

　　走了这么多的路，遇到了那么多的人，你看过别人的风景，别人也曾把你当作风景。这么多年以来，你是不是直到现在才发现：男人喜欢各式各样的女人，但是绝大多数男人在结婚之时都会选择一个居家型的女人。

　　是的，正像你现在所感悟的那样，世界上的绝大多数男人不管内心多么的狂野，在决定走进婚姻的城堡，让一个女人成为这座城堡里的王后之时，他最看重的就是这个女人会不会持家，因为他们清楚地知道：一个女人就是家的基石，如果这块儿基石不稳，那么他再怎么努力也不会建造出多么雄伟豪华的大楼来。

　　所以，亲爱的，我们不管自己的相貌有多么的美艳照人，也不管自己的学历有多高背景有多好，在你选择要走

196

进婚姻的殿堂之时，请一定要让自己身上再多一种属性：居家型女人。

"我是一名报社美编，喜欢旅行、拍照，更喜欢做美食。妈妈总是告诉我，快乐要与人分享，记忆特别深刻。安安从小就是在厨房长大的，那从小我就是一边教他们做菜，一边就修理他们，一边教他们做人的道理。当你拿着做好的美食和同事朋友们分享的时候，他们的笑容真的让我觉得暖暖的，感情也同时需要分享，给喜欢的人一点开心，自己也会收获更多的幸福，长得帅会说好听话的男生，就像糖果一样总有吃完的一天，更喜欢脚踏实地的男生，爱干净，喜欢读书，有着自己的爱好，将来和他过着如同我父母一般简单平实的生活，我来了，你在哪?"

相信每一位在电视机前看《非诚勿扰》的观众在看到这段话的时候，都会因为画面中的那个女孩而心生温暖，也都会被这个居家型女孩的气质所打动——不漂亮也不妩媚，不口吐莲花也不夸夸其谈，就是那么真实又温暖，她就是来自台湾的女嘉宾郑人安。

可以说，在《非诚勿扰》的舞台上，既不缺少像邢星那样的白富美，也不缺少像聂倩那样的高贵女神，但是最缺少的却是像郑人安那样的居家型女人。也正是因为身上的那股子难得的居家气质，郑人安在台上获得了很多男嘉宾的青睐，相貌不慎出众的她也多次被选为心动女生。

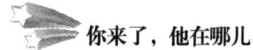

最后，这个温顺乖巧、感性爱哭的居家型女孩被儒雅帅气海归男毋点点牵走，而令人惊奇的是，毋点点所选的心动女生恰好就是郑人安——他为她心动，她为他留灯到最后。这一幕，就连站在一边的孟爷爷也看呆了，不由地说道："他的心动女生正是郑人安，多么神奇的缘分，多么美好的爱情！作为主持人，我比男嘉宾都激动。"

居家型的郑人安是一个看上去平实温暖的女孩，但是她可能却是现在很大一部分女孩儿所瞧不上的女孩儿。在那些瞧不上郑人安的女孩眼里，这样的女孩无疑是过时的——现代社会已经发展到了今天这样一个物质充裕的时代里了，那个女人还愿意在家做贤妻良母呢？男人与女人生来平等，凭什么女人就得待在家里照顾小孩儿伺候老人？外面的世界多精彩，为什么偏偏就是要女人待在家里呢？

其实，这样的想法也未尝不对。只不过，不管时代怎样变，不管外面的世界再怎么精彩，准备走进婚姻的女人的身上都要有结婚女人所特有的那股子味道，都要有家的味道。结婚后，你想要在工作中表现得更好，你想要让自己看到更广阔更精彩的天地，这些都没有问题，也都是你应该享受的权利。

可是，作为一个女人，当你在家的时候那就必须展现出居家型女人的那一面来，因为绝大多数男人和你结婚组建家庭并不仅仅是为了找一个一起玩的拍档或者创业伙伴，他们

是想找一个妻子——早上起床后他为你打扫你为他烧饭，晚上回家后你做菜他洗碗饭后手牵着手去散步，一起为父母养老送终，一起陪着孩子茁壮成长——他们想要的，和你结婚的目的，可能就是这么简单！

【爱情的芬芳，幸福的滋味】

一个居家型的女人绝对是男人此生最好的生活伴侣，通常也是最容易得到幸福的女人。她们的幸福并不是多么的起眼，但是却令很多人羡慕不已，因为她们的幸福是那么的简单而又绵长。所以，做一个居家型的女人，也是女人最聪明的选择之一。

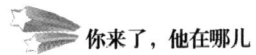

Lesson 5.

向男人表白必须要有策略

老婆逛街看到一个好可爱的小朋友。然后看看老公，叹了一口气，对老公说，"以后要是生小孩长得像你就完了!"结果马上传来了神回复，只见老公愣了一下，然后恶狠狠地瞪了老婆一眼说道，"要是长得不像我，那你就完了!"

这是一则在网上流传很广的笑话，但是这个笑话让人在笑过之余，心里难免会产生这样一个认识：原来，不同的说话方式，会产生不同的结果。同理，不同的表白方式也会产生不同的结果。

毫不夸张地说，在《非诚勿扰》的舞台上，我们能够学到最多的技能，那就是如何向心爱的人表白——除了看到男女嘉宾的各种表白之外，还能够听见几位老师对于每一次表白的精彩点评。比如孟爷爷说："有比表白不表白更重要的一

件事情，无论是男人还是女人，在交往的过程中，最重要的一点是要判断对方对自己有没有兴趣或者有多大的兴趣，再来决定表白不表白。如果你这事搞不清楚，有的表白就叫自取其辱。"黄菡老师也曾说过，"不要担心因为表白了怕做不成朋友，天下何处无朋友，并不是天下何处无爱人，能找到·爱的人是很不容易的，所以尽可大胆表白，决不错过成为爱人的机会。"

实际上，表白也是一个很有创意的技术活：你用不同的表白方式，就会产生不同的表白结果——男人们都是狡猾的动物，如果女人们在表白的时候不精明一点，不够有创意的话，那么很可能从你表白的那一刻起，你在这场爱情中就处于被动地位了。

那么姐妹们，我们在向男人表白之时要掌握那些表白技巧呢？

（1）要矜持一点，不要太过直接。矜持的女孩往往都是男人最喜欢的女孩，所以当你向心中 Mr·Right 表白之时，如果不够矜持，往往会让对方觉得很尴尬，甚至觉得你是一个很轻浮的女生，最终导致你表白之后却落得铩羽而归的结果。所以，亲，我们在表白之时为什么不矜持一点呢？

（2）不要太过殷勤，直白而又真诚地向他表白。也许你真的做不出那种矜持的样子，但是这个时候你不能表现得太过殷勤，因为你越殷勤他们可能就觉得自己有多么的了不起，

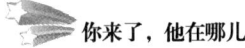

甚至觉得你这样的女生根本配不上他。所以，在向你的 Mr·Right 表白之时，如果不够矜持那就以直白而又真诚的感情力量去打动他，直至让他变成你的俘虏。

（3）表白时直接告诉他，我喜欢你是真的，但是并不意味着我离不开你。有些男人一遇到女追男这等好事，马上就鼻孔朝上翻的厉害。所以，对于这类男人，你在表白了你喜欢他之后，也要很自信地看着他，然后不紧不慢地告诉他，"我喜欢你是真的，但是并不意味着我离不开你，我之所以鼓起勇气向你告白，只是为了不错过一个喜欢的人，给未来的日子里留下遗憾！"这样一来，你的表白既令人感动也会在他心里掀起一层一层的波澜，从而让你原本不占优势的"女追男"大戏的高潮向着你这边转移，最终让你一举扭转势头，成为这场"女追男"游戏中的"女主角兼总导演"，从而将他这个男一号收拾的服服帖帖。

【爱情的芬芳，幸福的滋味】

善于表达对男人的爱意，这是你赢得男人的必修课，也是精明女人才能做出的选择——把握时机，及时表白，爱情才不会悄悄溜走，爱他，那就及时告诉他！

周末小测验·你的单身指数有多高

（以下小题中选择 a 得 1 分，选择 b 得 2 分，选择 c 得 3 分，选择 d 得 4 分）

1.和男生们聊天的时候，你通常都喜欢聊一些什么？

a.不知道，大家聊什么我就聊什么，不懂的话就听着，偶尔也讲个荤段子

b.喜欢聊一些娱乐八卦类的东西，因为从青春期开始就对这些非常感兴趣

c.喜欢聊一些与人生有关的东西，特别不喜欢哪类没有学识的男生

d.每天跟我说话最多的男人除了领导就是我爹，不怎么聊天，浪费时间

2.如果已经单身一年时间以上了，这个时候你会？

a.非常"捉急"，对下一任男友很期盼，但是也不是个"恨嫁女"

b.可以不是很帅，但也不能拿不出手，学历要比普通人高一点，其他的就没有啥了

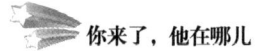

c.长相和学历都重要但都不是最重要的，人好最是关键，人品有问题的绝不会考虑

d.谁能给我足够多的钱谁就能做我男朋友，我只想做一个有钱人的女朋友

3.身边最受女生欢迎的男生过生日，你会送什么样的礼物？

a.他是我喜欢的菜，但不可能成为我的菜，送自己没用的东西给他吧

b.随大流吧，不要显得太突出，更为重要的是不能太贵，要不别人会怀疑我别有用心

c.送他一份最别致的礼物，希望能引起他的注意，遇到好男人就要抢先下手

d.我连他的生日聚会去都不会去，何必再谈什么礼物呢

4.有男生约你晚上去看电影，你会怎么决定？

a.有电影看为什么不去？大家都是哥们，我不会胡思，他也不会乱想

b.坚决不去，为什么只请我一个人，重要的是我对他一点儿好感都没有

c.还是去吧，先观察观察再说，毕竟就是一场电影，也不能说明什么

d.没有时间，人生苦短，努力工作和不断提升自己才是关键

5.周末回家老妈给你安排了一场相亲，你会有什么反应？

a.真是烦死了，我都说了今年决不相亲，一点都不疼我，

我是亲生的么？纠结

b.听老妈说那个男的不但是帅锅，而且有个土豪老爹，那还等什么呢，必须去

c.心里有点抵触，但是老妈毕竟也是为我好，那就还是去吧

d.老妈安排的相亲活动那就让老妈去参加好了，坚决不妥协

6.你最近追求的生活目标是什么？

a.攒银子啊，攒够银子好买游戏点卡和道具啊，希望成为战区的风云人物

b.买一套自己忍了好久都没有买的化妆品，再提升下穿衣打扮技巧，要更漂亮

c.准备出门旅行一次，每天生活在钢筋水泥的丛林里，需要在旅途中放松一下子

d.目标？这个词已经从我生活字典中离开好多年了，我最近没啥生活目标

7.你已经单身了好久了，单身期间谁给你的压力最大？

a.毫无疑问是我妈和我爹啊，我现在都快是有家不能归的孩子了

b.朋友们给我的压力，她们一个个都结婚了，我还过着一人吃饱全家不饿的日子

c.自己给自己的压力，再找不到男朋友，我可就成了黄脸婆了

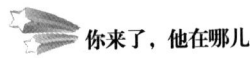

d.早就习惯单身了，现在给我压力最大的除了工作之外还是工作，单身挺好

8.如果你有了孩子，你会不会觉得孩子是一种负担？

a.当然不是啦，小孩子多可爱啊，就算是负担那也是甜蜜的负担

b.有点为抚养孩子发愁，现在物价这么高，要是找个没钱的老公怎么养呢

c.不清楚，觉得会有一定的压力，但是养小孩也不是我一个人的事情

d.在我眼里拿得起放不下的只有工作，孩子肯定是个累赘，我是工作狂

【测试结果】

8—18分：如果这个世界上有个单身指数表，那么我敢百分之一百地肯定你的单身指数已经爆表，而且是经常爆表，就像现在的很多大城市的PM2.5爆表那么频繁。不过，值得庆幸的是，你并不是一个单身单到无可救药的女人，因为你的内心深处对于爱情的渴望是那么的炽热，其程度堪比快要爆发的火山熔岩。所以，对于你来说，就不要为自己过高的单身指数发愁甚至神伤了，你只要继续相信爱情并始终坚信自己能够摆脱单身状态，那么你总有一天会结束单身的，而且这一天也不是那么的遥远。

19—26分：你基本上已经处于随时告别单身的理想状态

了，但是这并不意味这你就可以马上告别单身。迎来一个愿意与你牵手的人，迎来一个一段期盼已久的爱情，这对于你来说并不值得太过炫耀，你需要炫耀的是你能够找到一个非常爱你的男人。其实，我的潜台词是，你不需要着急着结束自己的单身生活，像你这么好的女生，你有资本有理由找一个非常不错的男人，千万别干把一朵鲜花插在牛粪上的那种蠢事。

27分以上：有位先哲说，凡是存在的就是合理的。我想我也只能用这句话来解释你存在的合理性了。另外，既然你的存在是合理的，那你就应该学会合理地看待这个世界（别问我这句话是否合理，你要做的是坚信甚至迷信这句话是合理的），只有当你合理地看待这个世界的时候，你才会发现自己其实也是一个幸福的人，也不会一直单身下去，幸福与爱情其实一直就在你身边，只不过你总是看不见而已。

你来了，他在哪儿

十二堂婚恋幸福课

《非诚勿扰》给女人的

第九课

别一直躲在墙角里哭泣

——如果你一直痛哭，生活依旧不会改变

你永远都不是男人的信徒，而他们也永远不会是你的上帝。

如果你现在还没有从上一段感情的阴影中走出来，那么你一定无法优雅地迎接下一段感情生活。男人对于女人来说很重要，但是男人绝不是女人生活的全部，因而你要坚强地去面对这一切——就算你的世界里再也不会有男人的脚步声，可那有什么？只要你是为自己活着，那么你的世界依旧十分精彩。

乖，别一直躲在墙角里哭泣了，因为你继续这样痛苦下去，生活依旧不会有太大改变。

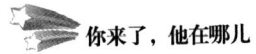

Lesson 1.

青春给了你一记响亮的耳光

我们必须承认，生活就如同一个伟大的编剧，它不会在作品中只创作悲剧情节而不穿插喜剧情节，世界上最悲伤的电影里也有让你忍俊不禁的镜头，因为有了快乐才能衬托出悲伤的重量，有了悲伤才能显示出快乐的珍贵。而那些年轻的女孩，就是"高龄剩女"们对面的一面面镜子：看见她们有多年轻，你就知道自己有多老。

每当我们在《非诚勿扰》的舞台上看到那些只有二十二三岁的女嘉宾之时，可能都会不由得张口喊道："多小的丫头片子啊，至于这么恨嫁么？至于这么着急着把自己推到男人的枪口下吗？姐姐我的出生年代比你早了十分之一世纪，至今还没有享受够单身贵族的生活呢！"

如果你也发出过这样感慨，很遗憾，你已经站在了青春的尾巴尖上。看着年轻的她们，已经不爱追星，已经不会一下班就盯着偶像剧看，审美也已经开始跟老妈越来越相符的你，终于感觉自己的生活有股子沧桑的味道了，原来自己已经成为了一个还没有嫁出去的"老女人"。

长江后浪推前浪，前浪死在沙滩上——活到现在，发现自己已然成为了"前浪"，你一直觉得自己就是自己的上帝，你的人生你做主，你的青春你做主，结果却狠狠地挨了青春的一记耳光，青春即将远去，你却尚未启程。

有时候看失败的故事，比看成功的故事更能够让人感悟良多。

有时候看男人的故事，比看女人的故事更能够让女人大彻大悟。

卫龙，他是一个来自南非纳米比亚的黑人大帅哥，高大健美的身材，俊朗的面孔，幽默中充满男性荷尔蒙的谈吐，一走上《非诚勿扰》的舞台，众位女嘉宾都夸他长得帅，有人说他长得像好莱坞巨星威尔·史密斯，也有人说他的出场就好似 NBA 篮球巨星举行粉丝见面会。第一次，他专程为"非洲公主"小德（德布佳达）而来，在非洲娶一个姑娘只要一头牛，他愿意用十头牛娶走小德，结果他被小德拒绝了，最终独自一人走下了舞台。然而，失败却让卫龙的生活发生了很大的变化，走在大街上的时候经常有人拉着合影，邮箱里每天都能收到很多陌生姑娘的来信，这让他意识到：应该重新制

211

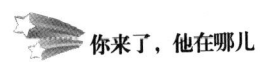

定自己的择偶标准了。

第二次走上《非诚勿扰》的舞台之后，卫龙的选择心动女生不再是小德，而是来自法国的"小龙女"克罗伊（Chloe）。他说："上次为小德来，父母看了节目都问为什么去中国再找个非洲女孩呢？建议我找个中国女孩。听说中国女孩结婚都要求有车有房，我虽然暂时没车没房，但我可不是吊丝，等我娶老婆，我会送给她我们家乡的土特产，钻石。我爸爸是做钻石生意的，对我来说不算什么。"

重新制定了择偶标准，重新选择了心动女生。但是重返《非诚勿扰》舞台的卫龙还是没有牵走一名女嘉宾。不过，卫龙的失败离场并没有让人感觉到遗憾，因为所有人都相信他的改变肯定会为他带来收获，未来的某一天他肯定会收获自己的爱情——当你站在一片茂密的森林前，眼睛里却只能看见其中的一棵树之时，幸福往往距离你很遥远，而当你站在一棵树前却能想到远方一定有一片茂密的森林等你到来之时，幸福距离你就不再那么遥远。

生活有时候就是这样的，你重新定义了自己，重新选择了人生的奋斗方向，可是成功并不会马上就降临在你的头上，但只要你坚持下去，成功自然就在不远的远方。同样，寻找爱情与幸福也是一样的道理，只要你不再固执，能够认清自己，总有一天会和你爱他他也爱你的人一起筑起幸福的城堡。

所以，当你意识到自己是个剩女的时候，就不要再固执

地坚持自己制定的各种择偶的条条框框，就不要再贪婪地享受令父母失眠朋友担心的单身生活了，除非你觉得一辈子单身也是一种幸福，或者你愿意一辈子单身。如果你想明白了这些，那么你就赶紧做出改变吧，赶紧行动吧，只要你坚决地奔向远方的爱情，爱情与你的距离自然会愈来愈短。

【爱情的芬芳，幸福的滋味】

青春是人世间最宝贵的东西，可是在我们面对青春的时候却没有老师也没有教练，唯一能够给我们启示的就是自己所走过的弯路。因此，当我们发现自己已经站在了青春的尾巴尖上的时候，当我们发现自己再单身下去就老了的时候，我们一定要行动起来——不管自己再青春这堂课中挂了多少科，留了多少级，我们都要坚定信心，敢于从头再来，认真听取父母、老师等过来人的意见，努力爱，认真爱，争取活出全新的自己。

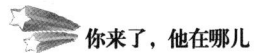

Lesson 2.
别把人生最美的年华浪费在一场暧昧里

暧昧，这既是催生爱情的土壤，这也是谋杀青春岁月的匕首，幸运的人在暧昧过后收获了爱情，不幸的人在暧昧过后失去了一段岁月。

一段没有经历过暧昧期的爱情，命中注定是一场留有缺憾的爱情，因为爱情中一旦少了最初的暧昧期，就好比你曾在大学食堂里吃到的那一碗隔夜米饭，虽然米饭没有馊也没有变颜色，但是吃在嘴里却总是觉得少了一份滋味。

暧昧总是那么美好，滋味甚至比爱情还要甜蜜，两个人相互倾慕但却没有点破，隔着的那层窗户纸总是让人又忐忑又激动，对方的一个亲昵动作就能让自己兴奋上好几天，而自己的一个不小心也能让对方无精打采好几天，彼此之间总是暗暗较劲，既不能表现得太明显让对方看到自己多么在意

对方，也不能表现得太过冷漠让对方感到自己根本不在意对方，两个人你进我退，我攻你守，相互煎熬，又面露喜色，真真是一种痛苦的甜蜜。

来自上海的男嘉宾乔肖涛是一个非常坚持自我的人，大学毕业后他可以因为"怀才不遇"而放下一切去穷游一年，在上班之后也是一个坚持按照自己的活法生活的人。不过，就是这样一位看起来非常有个性的大男孩，在登上《非诚勿扰》的舞台之后却引来了一片非议。

乔肖涛为什么会引来非议呢？

答案是：他是一个喜欢玩暧昧的人。在VCR里，乔肖涛对着女嘉宾和观众说道："对女生表白是一件很蠢的事情，我都是尽量不表白，就保持在暧昧状态，进可攻，退可守，如果表白就要承担失败的风险，朋友都做不了了。我是一个不懂爱的人，我觉得女性没有情感，不过是一件被消费的物品，一切都是男权在主宰。爱情的尽头就是失去，得到多少幸福就要承受多少痛苦。我大学时谈恋爱就是为了排遣寂寞，满足对异性的好奇心。我对爱情的态度就是随遇而安，一旦和女生深入交往后我就会嫌弃对方，挑三拣四，进而提出分手。"尤其是他在VCR里说自己有一次和女朋友分手，理由竟然是"我买电脑了，以后不要来找我了"，这简直是闻所未闻。

在VCR播放完毕之后，快人快语的小德直接斥责他"脑子有病"，另一位女嘉宾更是说他"适合去淘宝上找个娃娃过

日子"。一时间，整个《非诚勿扰》的舞台上充斥着争辩声，女嘉宾们都被他的话给激怒了。结果没有任何意外，乔肖涛失败离场。

在现实生活中，总有那么一些"超级贱男"，喜欢带着暧昧的面具四处祸害女人，一些女孩被这类男人害得不轻。对此，黄菡老师说："我就觉得因为有一些女孩，确实被那种男人害得很惨，就是特别暧昧，他就始终不说，我如果是被花心的男人告白了的受害者，我至少有一种道德上的这种平衡感，我觉得你这种人不对。"

姐妹们，对于那些喜欢玩暧昧的"超级贱男"，我们一定要有免疫力，不然会被害得很惨。不过，我们要对喜欢玩暧昧的"超级贱男"有免疫力，关键就是要有识破对方面目的技巧。下面，我们就来盘点一下识破这类人的技巧：

1.他们喜欢有意无意地放电，但是却很少做出实质性表示。姐妹们，如果我们在现实生活中遇到了一个喜欢对你放电的男人，可是对方却迟迟不捅破那层窗户纸，更为重要的是也没有什么实质性表示，那么咱们可要睁大眼睛了，对方一定就是那种喜欢玩暧昧的"超级贱男"。千万不要以为他是不好意思向你表白，他要真爱你，早就开始行动了，又不是上中学时期的纯情少男了，何必如此迟迟不肯说白了呢？

2."超级贱男"们的身上都有一个共同点，那就是喜欢对你无事献殷勤，但是却总是会保持适度地距离。遇到那些平

日里无事献殷勤的男人，最好就不要经常跟他们接触，能避开则避开。当然，前提是你发现他们"无事献殷勤"只会是在一些蝇头小利的事情上，不触及他们的根本利益。换句话说，如果他们真的对你有意思，那他们会心甘情愿为你奉献的，就算触及他们的根本利益也会在所不惜。

3."超级贱男"在向你示好的时候，总是会在你认为他马上将会炽热追求你的时候突然停下来，就像你听音乐听到逐渐沉醉的时候却戛然而止，更为可气的是，这种戛然而止不是一次两次那么简单，而是以后还会接踵而至。所以，姐妹们，当你们在遇到这种情况的时候，那基本上就可以确定你为其有点心动的他就是一位"超级贱男"，对于这种男人，你还是赶紧一脚踹得远远的吧。

【爱情的芬芳，幸福的滋味】

如果喜欢，为什么不说出来？如果不爱，为什么还要勾勾搭搭？世上所有的事情都可以模糊，只有感情的事儿必须是清清楚楚。更何况，作为一名女人，本来就比男人更容易衰老，如果我们再将自己的大好年华浪费在一场没有任何意义的暧昧里，那对自己是不是太过亏欠了？

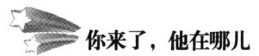

Lesson 3.

"爆灯姐"的启示：学会倾听爱情的声音

如果你想要找到自己梦寐以求的爱情，那么你必须先学会倾听爱情的声音。

也许你会问：何为爱情的声音？

爱情的声音，不是无病之时的虚情呻吟，不是投其所好之时的喃喃细语，而是你能够用耳朵用心去感触到的一种声音——你能够听见他手里捧着爱情向你一步一步走来的欢快脚步声；你能够听见他看到你之时从灵魂深处发出的甜蜜笑声；你的心能够听见他的心跳声，能够听见他的胸膛中燃烧起的炽热的火苗声，那火苗声中释放出对你的渴望，他渴望拥有你，渴望与你共度一生，渴望用自己的肩膀为你扛起未来的一片天空。

　　一提起《非诚勿扰》舞台上的女嘉宾丁东丽，人们最先想起的就是"爆灯姐"三个字。

　　从站上《非诚勿扰》的舞台起，丁东丽就因为不断地为她喜欢的高富帅爆灯而出名，网友称其"见到高富帅就爆灯，见到优质男就告白"。可是，已经三十六岁且身材发福的她却每每落得被拒绝的下场，此处虽有"爆灯姐"，却无真心有情郎。

　　勇于爆灯本来是一件值得称赞的事情。然而，对于丁东丽来说，随着她爆灯爆的越来越频繁，最终引起了很大的反对意见，网上对于"爆灯姐"的指责言论也越来越气势汹涌，很多网友都指责她不能正确认识自己，自恃学历较高就能掩盖自己"大龄富态女"的"残酷现状"，殊不知她每一次为高富帅爆灯的结果都是落花有意流水无情。

　　"爆灯姐"丁东丽的选择并不能用对与错来定义，因为任何一个女人都有追逐自己喜欢对象的权利，这种权利与美丑无关，更与贫富无关，而且值得每一个人去尊重。其实，"爆灯姐"表面上看起来十分犀利，但是内心却绝对是个柔软的女人。一次，她在《非诚勿扰》的舞台上哽咽着说道："非常不幸，昨天，昨天晚上我的父亲去世了。我为什么来非诚勿扰呢？世上这么多年，在我二十多岁的时候我一直把我的精力放在学业和事业上，直到我父亲去世，我才认识到，我不应该在年轻的时候，把这么多的时间和精力，放在学业和事业上，对我的父亲来说，他没有看到我成婚的那一天，这是我人生中最遗憾的一件事情。"

长相普通，家庭背景一般，这些都不是"爆灯姐"的错，可是她错就错在总是因为高学历而高估自己，高富帅看不上她，普通男嘉宾她又看不上。一次，曾子航实在忍不住对她说："东丽，你知道为什么直到今天你都是孤独地站在这个台上吗，你设的条条框框太多了，上次一个厨师来你说人家学历低这次又嫌弃人家离过两次婚。男人离婚怎么了，刚才看那个 VCR 我觉得他对他第二个老婆付出了真心，一直帮他第二个老婆走出了阴霾，这样的男人难道不值得托付终身吗？我知道丁东丽你喜欢那种优质男高富帅，但是我觉得你应该就像黄老师上次说的正确地认识自己择偶的标准。我觉得你其实是一个很优秀的女人，但是我觉得优秀的女人一定要首先认清自己，我觉得这个男人真的，我不知道他会不会选择你，但是我觉得你选择他真的没有错。像你这个年龄，一个离婚的男人选择你他会对你倍加的珍惜。"

也许是曾子航的这番话戳中了她内心最柔软的地方，也许是自己在《非诚勿扰》的舞台上经历了太多的挫折，"爆灯姐"终于逐渐认清了自己当前的处境。随后，在专程为她而来的空调工钟士军伸出爱的橄榄枝之时，"爆灯姐"却意外地选择了接受，她说："我来几个月时间了，也有其他男嘉宾为我而来，但这一次我觉得特别踏实、特别朴实的一次，我愿意给男嘉宾一个机会！"

拥有硕士学历的"爆灯姐"选择了空调工钟士军，这一

幕在电视上出现的时候相信很多人都不敢相信自己的眼睛，不管你信与不信，这一幕就真真实实地出现在了我们的面前。

其实，"爆灯姐"之所以选择一个和自己的学历有很大差距的空调工，并不是"下嫁"，因为那位勇敢的空调工并不是一定就是一位各个方面都要和"爆灯姐"差很多的人。

有的时候，学历上的差距、容貌上的差距、财富上的差距并不是阻碍两个人在一起的最大阻碍——滚滚红尘，茫茫人世间，男人与女人在一起的最大阻碍是有没有意愿，如果双方都没有相互结交的意愿，那么就算面对面站在一起十年，最后的结果也只能成为脸上从没有绽放一丝爱意的石雕，而不会成为一对相濡以沫的恋人。

言归正传，高学历的都市白领"爆灯姐"选择了一位蓝领空调工，这样的结果令很多人遗憾称奇，但是也令很多人感到开心和欣慰，因为高傲的"爆灯姐"终于学会了倾听爱情的声音，眼前的这个男人敢以常人所没有的勇气向自己发出"求爱信号"，那自己为什么不去给他一个机会呢？

学会倾听爱情的声音，就是要善于接纳别人提出的诚挚意见，再根据自身的情况作出准确的分析，就好比收音机调台，当你将自己放在正确的位置之时就能听见爱情的声音。

【爱情的芬芳，幸福的滋味】

学会倾听爱的声音，关键就是要能够正确认识自己、摆正自己的位置——爱情的声音从来都是那么美好，只要你调

好属于自己的频道，你就能够听见爱情向你悄悄走近的脚步声。当然，要想360°无死角地全方位认识你自己，最好的方式就是多听听别人是怎么评价你的，尤其在你想知道你有哪些短处的时候，则更应该去听听你的"仇家"是怎么在人背后说你的，因为仇家们看你的缺点、弱点看得比你的亲朋好友们要准多了。

从最初相识时的不屑，相爱时的甜蜜，争吵时的哭泣，背离时的孤独，直至分手时的决绝。

Lesson 4.

我动了心，希望你能动情

有生之年，能遇到一个可以刻骨铭心去爱的人远比遇到一个刻骨铭心爱自己的人更为不易。

——《非诚勿扰》9号女嘉宾张静的爱情观

每天躲在墙角哭泣的女人，从来都等不来自己想要的爱情，因为你总是处于错误的时间里——把人生的大好时光都扔进泪水里，那么你的人生时光将被打上"错误"两个字的印记！

当然，我们也知道，在正确的时间里遇到对的人是一种幸运，在错误的时间里遇到对的人则是一种折磨。

而我们要记住的是：在正确的时间里遇见了对的人就嫁了吧，很多女人都经常在心里这么说，可当她们真正遇到对

223

的人之时，却又因为不敢主动争取而白白错过——生活与爱情就是这样让人难以捉摸，人们总是在自己想要的东西面前退缩，事后却又追悔莫及。

所以说，姐妹们，我们要想让那个"对的人"留下来，那就必须去主动争取，做出令他们为你动容甚至心动的事情来，而不是总是站在墙角偷偷地抹眼泪——就算你把眼泪都流干，你不去行动，你永远不会得到自己想要东西、你想拥抱的人！

一句"我动了心，希望你能动情"，让张静成为了《非诚勿扰》舞台上留下最多感动的女嘉宾之一。

有着"美女作家"之称的张静自从走上《非诚勿扰》的舞台，就一直以"恨嫁女"的形象出现在大家的眼前，她为很多心动的男嘉宾去留灯，甚至爆灯。但是，都只能说是在错误的时间里遇见了自己喜欢的人，她一次又一次地站在了心动男嘉宾的面前，却又一次接一次地回到嘉宾席上。

一次，一位叫做王培的男嘉宾说："现在的女孩普遍很现实，她们交往的目的性、功利性很强"。对男嘉宾的这句话有意见的张静反驳说："女生之所以现实是因为男友不够上进，没有给她足够的安全感让她认为能与之走到最后，所以采用索要物质的方式逼男友上进。"为此孟非老师询问张静："如果一个男生对你说，我的人生目标是在三十五岁时做中国最优秀的主持人，你会怎样？"出人意料的是，张静的回答

是，"我会转身就走。"更出人意料的是，张静的这句话一下子激怒了平日里一副温文尔雅、理性乐观的孟非老师，直接发飙道："我拿一个房产证或一辆汽车放在你面前，你能看到。但是我把我的奋斗放在你面前，你看不到！"

这次之后，张静就被贴上了"物质女"的标签。可以说，顶着"物质女"和"恨嫁女"这两个大标签的张静，此后的《非诚勿扰》之旅走得更为坎坷。一次，张静为事业不错的福建大男孩潘卫军留灯到了最后，但是最终还是被拒绝——张静在节目中突然忍不住失声痛哭，"我已经 32 了，我以前一直都在挑，然后一直都特别骄傲地觉得这个世界上应该都是我在挑。可是我走到这个舞台上，我每一次我都在很努力地去告白……我不知道自己是哪里错了，也许我真的可能太强势了，但是我真的好希望有一个人快点把我牵下去。有人在网上说，像我这样的女人，可能会站很久，也不会有人牵我的。你不知道一个 32 岁的女人在一段往事里活了三四年，她是有多么想嫁人……"

张静的这番哭诉令孟非老师很有感触，他讲道："我觉得台上的每个人都应该调整好心态，不管结过婚没有、不管年龄是 20 几还是 30 几，不要有一种错觉，永远是我们在选择男人。其实这是一个相互选择的舞台，有时候女嘉宾呆的时间长了、为她而来的男人多了，倒真的会有一种错觉，有一种优越感的膨胀。当她真的决定跟人走的时候，却突然发现，原来我留灯也有男人是不要我的。"

225

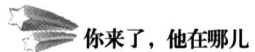

不过，张静也是幸运的，来自台湾的男嘉宾颜佑亮一上台就吸引了她的目光，等到男嘉宾的三个 VCR 都播完之后，她面前的灯还亮着，她早就爆灯了——"很多人说我恨嫁也不至于这样吧！但为了爱情，我愿意主动。如果你不主动一直等，等不到真正对的那个人！"在进入最后的选择阶段之时，张静又一脸真诚地向男嘉宾告白到："我们一生会遇到很多动心的人，但能动情走到底的很少。我动了心，希望你能动情。"

听了张静那感人的表白，颜佑亮非常感动，马上回复道："当你鼓起勇气按下爆灯按钮的时候，至少我已经动容了。"

就这样，在《非诚勿扰》的舞台上饱受争议的张静，终于在合适的时间里遇到了那个令她动心的男人……

张静也不是《非诚勿扰》舞台上最漂亮的女嘉宾，但是她绝对是最令人瞩目的女嘉宾之一。

在《非诚勿扰》的舞台上，她的言辞与经历真的可谓是十分励志：一个三十岁的文艺女青年，在追逐爱情追逐幸福之时所表现出来那种勇敢与令人动容的气质，的确很激励人，任何一个恨嫁的、怕嫁的、愁嫁的女人都应该仔细看看——如果你要想让那个令你动心的男人为你动情，那你必须得做出令对方会情不自禁为你动容的事情！

别傻等着男人为你动情了，也别傻傻地站在墙角抹眼泪了，有时候咱们的脑子也得变得聪明点、主动点！

【爱情的芬芳，幸福的滋味】

　　乐嘉老师在安慰张静之时说："你去在乎那个留言干什么啊，那个留言说你好的你怎么不讲，1万个人给你留言，5千个人说你好，5千个人说你傻，你现在把5千个人骂你的话拿出来讲，自己在伤害自己。"很多人在遇见对的人之时，却总是因为周围人的看法而不敢主动去争取，因为她们太在乎周围人怎么看。其实，在遇到对的人之时，千万不要再想着周围人怎么说了，还是先想想自己怎么才能不让这场缘分随风而去。

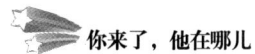

Lesson 5.
花开荼靡：别等到失去了才后悔莫及

　　他们一直没有相爱，他却在她的心里沉默了一辈子。

　　他与她的认识纯粹是偶然，而不是缘分，或者说是缘分，而不是偶然。

　　他从法国回来的第二天就去敦煌路找雅，房子依旧，门前的梧桐树依旧那么绿，而雅却不在了。他按了门铃后看到的却是她那冷漠的脸。雅在家吗？他问。她使劲地看着他，没有回答。相遇也许是冥冥中注定的。他莫名地推开门走了进去，而她一直站在门口，仿佛一片孤零零的落叶跌落在门口。

　　他用主人的口吻问她为什么不进来，她还是傻傻的看着他不回答。于是他走到她的面前问雅去了那里，因为屋子里的东西从来都没有变过，他托朋友从东京带给雅的风铃还在窗前的风里轻轻的晃。她看着他的眼睛冷冷的吐出三个

228

字——雅死了。

他心里蓦地一痛却又很快归于平静。也许真正的爱情是超出生死的。爱一个人只要爱着她就是幸福的，牵不牵手那是上帝说了算的。他要她带他去雅的坟墓。他要在雅的坟墓前放一束清纯的百合花在雅的身边。他要离去的雅知道他回来了。知道他还记着她，他还是那个从不失言的男子。

他并不悲伤，仿佛这一切是自然的是他早就知道的。

他唯一遗憾的就是自己终于获得了法兰西的医学博士却没有为雅治病的机会。她这回说话了。可以，我回去换件衣服。她说完走进了雅的房间。他想阻止她却没好意思，毕竟等待女人换衣服的时间是漫长而枯燥的。他为自己冲了一杯咖啡放在茶几上，屋子里什么都没变，咖啡罐放在书橱的玻璃后边，干净的象镀了层月光的杯子在茶几上面。唯一变了的只有屋子的女主人。

屋子里的熟悉里蒙着层淡淡的忧伤。他喝着旧日的咖啡却无论如何都尝不出旧日里的甜蜜。

遥望梦里的爱情是寂寞的，寂寞的爱情是让人受伤的。

大概五分钟后她从门里走出来，一袭临水照花的墨绿色旗袍，白色的鹿皮皮鞋。她走过来拉起他的手走出门去。她的手冰冷的可怕，这个瞬间的冰冷在他的心里温暖了他一辈子。他的脑海里迅速闪过教授让他解剖的哪个叫 Bynum 的人的面孔。

路边的法国梧桐树下睡着将草帽遮在脸上的人力车夫。

229

他叫过两辆人力车，她告诉车夫去法华寺去。

她看着他坐在雅的牌位下读《圣经》，心里莫名的忧伤。他的侧脸很英俊，象去年中秋节时走过她的窗前的那个日本少佐的侧脸，荡漾着一层樱花的哀愁。她从心底里恨日本兵，恨他们的残忍，恨他们的无耻。可是她真的忘不了那个日本少佐的脸，那张荡漾着淡淡的樱花的哀愁的脸。

寺院的主持给他们端上茶来，告诉他《圣经》是教堂里的经，菩萨听不懂。然后从袖子里摸出一本旧黄册子放在他的面前。

黄昏的时候他们回到雅的房子门口，他掏出钱给车夫时她阻止了他。她说她还要去淮海路唱歌。她说完就走进去了。完全没顾及门口的他。他走进去冲了杯咖啡，靠在雅的画像上等她。

她身穿一件桃红色的旗袍，衩开的很高。除了口红，脸上没有任何化妆品。雅是我的金兰姐姐，你叫斌，雅的旧情人。她说。他莫名的伸出手摸着她干燥的头发，心狠狠地疼。不要去，你会和雅得同样的病，一样的死去，他说。

她推开他的手走出去坐在车上静静地离去。

他看见她从舞台上走下来坐在一位老绅士面前。老头的手搭在她的背上眼睛里色迷迷的。她象一只温顺的猫在他的抚摩下呢喃。他不知道她是不是故意做给他看的。他想起第一次看见雅的时候雅正坐在一位军官的腿上放肆地笑，他看见自己的眼泪在咖啡里扩散开来，心里空荡荡的。他将钱放

压在咖啡杯下走了。

翌日，他去看她。他推开房门看见她和衣睡在床上，凌乱的发丝里露出眯着的眼睛。房子里有一股子浓烈的酒味。他坐在床前静静地看着他。

他在床边静静地看了她三个多小时后她终于醒来。他扶着头痛得要死的她去洗脸。然后把她按在梳妆台前为她梳头。他看见镜子里的她一脸的疲倦。其实，无论是第一次还是最后一次为雅梳头，镜子里的脸永远是晴朗的。他握着她干燥的头发心里一片空白，仿佛一个人站在白雪覆盖的旷野里。

他天天去看她跳舞唱歌，看她和别的男人调笑，然后默默地离开。

他天天去为她洗脸梳头，然后看她沉沉的睡去。

他一边为她梳头一边望着镜子里的那张非常疲倦的脸。她的头发还是那么干燥的。可是今天他的手不停的颤抖，四年来这是第一次。他觉得自己的手比为雅梳最后一次头还颤抖的厉害。她问他的手为什么这么颤抖是不是为这四年来没有回报的付出后悔委屈。不是我要走了。他停下来望着镜中的脸说。什么时候，明天吗？她问。是的，他说。

他站在甲板上看着站在码头上的她。她像他十三岁时在外婆家的墙角看到那朵美丽的野菊花，带着孤独的颓废的美。他合起双手为她祈祷，祈祷她能找到一位彼此深爱着的人平淡幸福地过一辈子。

船开动了，她看见他身影愈来愈小终于成为一个小黑点，

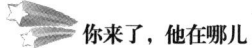

她突然瘫坐在码头上，仿佛一下子苍老了二十岁。

后来，有好多的男人承诺愿意像他那样照顾她一辈子。可是他们在拥有了她的全部之后都违背了当初的承诺。

她总是在黄昏的时候去码头，手里捧上一大把百合花，将花瓣一片片的洒在水里。她不停的对着海那边呢喃。她现在什么都不想，只想他再能不能见到这些花瓣，见到这些花瓣时会不会想起她。也许这些花瓣根本漂流不了那么远，可是她仍然希望。

她在死的时候，她告诉养女把她的尸首扔进海里喂鱼。养女哭着问她这是为什么。她说他在某一天吃鱼的时候会把她吃进去，她永远地属于他。

她永远的属于他，他也许不知道。

可这是事实，是她心中的爱情。

这是一位好友在上初中的时候写的一篇小文，那时候她不但正处于对安妮宝贝的狂热迷恋期，还处于看见落花就伤怀看见残阳就流泪的青春期。不过，她的这篇文章把当时没有多少文学欣赏水平的我感动得一塌糊涂，以至于现在偶尔还会想起这篇文章，因为文章中的"她"给我的感动持续了很多年。但是，现在再回过头去看，会发现文中的那个"她"真的是挺傻的。套用周星星同学的一句经典台词来说就是，"曾经有一份珍贵的感情放在我的面前，但我却没有珍惜，直到失去了才后悔莫及"。

一份感情，就摆在你的面前，可是你却眼睁睁地看着它溜走，这的确是一件很令人遗憾的事情。但是，如果你真的有过这样一段经历，并且现在还沉浸在深深的遗憾当中，那么你现在的做法更令人感到遗憾。因为，你现在所失去的时光以及身边所走过的人，都可能成为你日后同样为之遗憾的对象。

在《非诚勿扰》的舞台上，我们总是会听见一些嘉宾在谈起自己感情经历之时，都会表现出深深的遗憾之情——曾经的她或他是那么的好，但是那时的你就是不知道珍惜，不知道用心去呵护这段感情，直到失去了才明白今生今世要想再拥有这样的一份缘分该是多么的难得，也许来生来世都不会再遇见像她或他那样的人了。

遗憾也罢，伤痛也罢，既然错过已经成为了无法更改的错误，那你何必还要继续用曾经的错误惩罚现在的自己呢？所以，你这个时候最应该做的就是果断地做出改变，如此你才能够成功掌控你接下来的人生——受了伤之后，只要我们还有一个好的心态，那么我们一定能够走出人生的"雾霾天"。

【爱情的芬芳，幸福的滋味】

世界著名成功学大师拿破仑·希尔说："心态是命运的控制塔，心态决定我们人生的成败。积极情感的人处处对环境和他人充满着感激之情，容易感受到环境中良好的一面。我

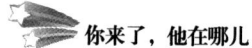

们的心态控制着自己的思维活动，从而影响自己的行为。有时别人一句话能在自己的一生中起着决定性的作用，是起到好的作用还是坏的作用，这决定于你对人和事物的判断和处理能力和心态。"

当我们在为自己曾经犯下的错而后悔之际，就应该像拿破仑·希尔所说的那样，要及时地调整自己的心态，因为你的心态控制着你的思维活动，如此你才能及时做出改变，让自己重新振作起来，昂首挺胸地去迎接下一段爱情。

周末小测验·你是不是一个容易受别人影响的女人

（以下小题中选择 a 得 1 分，选择 b 得 2 分，选择 c 得 3 分，选择 d 得 4 分）

1.你本来要买一件蓝色的棉布裙子，但是闺蜜说不好看，你会？

a.死丫头就是多嘴，我再比较了一下子，还是蓝色的好看，就拿蓝色的

b.好纠结，我很喜欢蓝色的啊，怎么办，干脆看另外一件裙子吧

c.听闺蜜的话，直接拿闺蜜说的那个颜色的，蓝色的这件就算了吧

d.买衣服从来都是自己一个人买，而且我从来就没有闺蜜，这种问题根本难不着我

2.早上去公司结果发现自己的电脑被其他同事占用了，你会？

a.要求对方马上给自己让出来，不然就跟对方大吵一架

b.先等一会儿，等对方用完了再接着工作

235

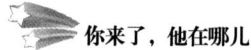

c.先做不需要电脑就能处理的工作，等他弄完了再做需要用电脑处理的工作

d.马上给我让开！哪有这样的人，自己的电脑不用用人家的，人家不用工作吗

3.除了眼前的这个世界，你心里还有没有另外一个世界？

a.肯定有啊，那是一个有无数好吃的，还有无数好玩的极乐世界

b.不确定，有时候会幻想，想象自己生活在一个连人心都是纯白的世界里

c.我很现实，不喜欢想象一些没用的东西，活在当下最重要

d.我最想去的地方就是地狱，因为死了就没有这么多烦心事儿了

4.邻居家的花藤伸到了你家的阳台上，你会怎么做？

a.直接剪掉，搞得我家阳台多碍事啊，不过我挺喜欢这个花藤的

b.好美丽的花藤，谢谢邻居，他养花养的真棒，回头向他请教一下怎么养花

c.喜欢的话就留下好了，不喜欢的话就剪掉好了，没什么好纠结的

d.没什么好说的，直接找物业的人去处理，看看对方是什么意思

5.你是不是总是感觉到无力摆脱当前的生活压力？

a.是的，确定肯定以及一定，不过现在的生活压力还承受

得起

b.总是感觉很无奈，想要摆脱，可是又有什么办法呢，压力实在是太大了

c.为什么要摆脱？压力也是动力，努力生活，生活一定回报你以幸福

d.早就习惯了没有压力的生活，好也罢，坏也罢，将就着过完这一生算了

6.和男朋友吃完饭后，你会不会主动洗碗？

a.看心情，心情好就洗碗，心情不好就不洗碗，洗碗又不是什么大事儿

b.一般都是我洗碗，男朋友工作很累，这点小事情我就做了得了

c.家庭分工 AA 制，谁做饭的话谁就不用洗碗，没有主动这一说

d.从来都不！要男人是干什么的，这么点小事儿还等着我主动么

7.上司突然让你去一个陌生的城市出差，你会怎么做？

a.听领导的话，领导怎么说咱就怎么来，谁让咱天生就是奴才命呢

b.会和上司商量，看能不能派另外一个人去，实在不行的话就只好去了

c.多好的事情呀，可以在出差的时候顺便参观参观，就当是旅游了

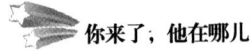

d.为什么这个人偏偏是我？坚决不去，领导再磨唧我就辞职

8.看电影看到感动的片段之时，你会不会哭？

a.哭得稀里哗啦的，尤其是看到男女主人公生离死别之时，根本忍受不了

b.不一定，主要跟剧情有关系，遇到那种戳中泪点的场面，就会掉眼泪

c.一般不怎么会哭，电影里面的场景都是虚幻的，除非是特别感动的

d.对于一个不怎么看电影的人来说，这个问题就是白问

【测试结果】

8—18分：活了这么多年，你可能一直都觉得自己活得相当的悲催，从来没有为自己活过一天，总是为了别人想要的生活在努力。如果你现在就有这样的感觉，那么毫无疑问你就是一个特别容易受别人影响的人。我想对你说的是，孩子，别在继续苦苦支撑了，你不是谁的谁，你有自己的生活，你有自己的理想，上帝和宪法都赋予了你追求自己生活的权利，你不必事事都听别人怎么说，做好你自己吧，这也是你能够独立生活的关键。

19—26分：就算全世界的人都对着你鼓掌呐喊，你可能也会无动于衷。你是一个轻易不受别人影响的女人，在你的爱情世界里，在你的日常生活中，你总是能够保持自己的想法，而这对于天生感性的女人来说是非常不容易的，而这也

是你成为一个幸福女人的关键因素。所以，你现在最应该做的事情就是继续像之前那样活着，继续呵护好自己的爱情和生活，因为你根本不需要做出太大的改变，如果非要有什么改变，那么只能说，你应该多听点逆耳的忠言。

27分以上：这世界上根本就没有人能够轻易影响你们，当然你们也不能轻易影响别人。你们和其他人是两类不同的人，不同到双方就像两条永远不会重叠的平行线。既然永远都不会重叠，那么何来的影响呢？不过，我想说的是，你们还是回到正常人类该有的生活轨道上来吧，哪怕是在外漂的太久，都有回到家里的那一天（这么说似乎不妥当，但你还是将就将就听吧）。

你来了，他在哪儿

十二堂婚恋幸福课

《非诚勿扰》给女人的

第十课

走出思维的迷宫，不在人世间落单

——问世间情为何物，直教人蹉跎一生

　　栀子花已经在夏日的午后绽放，傍晚的火烧云已经褪去了火红的颜色，而此时的你却一个人静静地坐在老屋后的池塘边发呆：你曾经把他当作生命中最重要的人，可是他却早就走出了你的世界，那么你现在该怎么办？是孤老终生还是找到下一个合适的人？

　　此刻，不知道该何去何从的你正陷入思维的迷宫内不能自拔，根本不知道自己的未来会染上什么样的颜色。女人啊，你又何必这样呢？你为什么总是要用思维里的谜团结成一张张把自己缚得紧紧的大网呢？不晓得作茧自缚的日子是那么难熬吗？

　　现在，你应该停止当前的思维，走出思维的迷宫，打破那一个个心结，不要再为那些不值得你去悲伤的人悲伤，把你最好的年华浪费在一个你人生中的过客的身上——问世间情为何物，直教人生死相许，但也可能教人蹉跎一生。

　　明白了这点，你就不会在人世间落单。

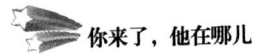

Lesson 1.

为情所累，为情所困，直至一路迷茫

爱情犹如一支美妙的乐曲，总让人情不自禁深陷其中。每个女人都曾迷恋过这支乐曲，每个人都曾做过爱情傻瓜，为情所累，为情所困，直至心累了，伤透了，终于在幸福的道路上迷失了方向。

你是否也曾有过那样单纯的岁月，不计一切地去爱一个人，勇往直前地去追寻一段爱情？你是否也曾伤痕累累，每到午夜梦回就忍不住悄悄落泪？终于有一天，你累了，你开始告诫自己，不要再轻易去爱，去付出一切，你以审视的目光打量着身边每一个路过的男人，你开始权衡，他的条件是否值得你去付出，你去爱。可最终，他们却都只是匆匆的过客，你越来越不明白，幸福究竟藏在什么地方，爱情究竟躲在哪个角落……

她面容姣好，长发披肩，从站上《非诚勿扰》的舞台那一刻开始就注定成为众人的焦点。有人将她奉为女神，有人为她痴情苦恋，也有人骂声四起，将她定义为"红尘女"。

她择偶要求有房有车，坦言就要找个帅哥，要求独揽财政大权……一条条现实而物质的要求一次次将她推上了风头浪尖。

她是黄潇潇，非诚勿扰舞台上一道亮丽的风景，一个充满了争议的女孩。她曾被母子二人同时选了为了心动女生，也曾有无数男人为她而来，却都铩羽而归。

不管是"物质女"也好，是"红尘女"也罢，黄潇潇也曾是爱情路上不顾一切的傻瓜，为了追寻一段幸福而奋不顾身，撞得头破血流。她曾有过三段恋爱经历，而正是最刻骨铭心的第三段爱情将她"历练"成了争议四起的"红尘女"。

她在那段爱情之中付出了一切，像个傻瓜一样为那个男人做了许许多多的事情，然而却不曾想到，就在爱情将要开花结果，她即将披上婚纱的时候，她深爱的男友却变心出轨了。这段爱情的创伤让这个爱情傻瓜一夜"长大"。

"原本以为，长得丑的男人就不会花心和劈腿，会很靠谱，但是在上一次恋爱中，却被丑男劈腿了。反正都会被劈腿，倒不如找个帅哥！"当黄潇潇充满调侃地说出这句话的时候，背后的眼泪的伤口又有谁能看得到。

如今，黄潇潇依旧站在舞台上，等待着她的白马王子，

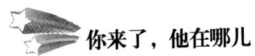

为她而来的人依然很多，痛骂她的人也从未减少，谁也不知道，多么"靠谱"的帅哥才能攻克她这座坚固的堡垒。

像黄潇潇这样的女孩子其实并不少，她们在爱情的路上摸爬滚打，伤痛将她们变成了刺猬，总是紧紧包裹着自己柔弱的心。真爱对于她们而言就如同一把利刃，稍不小心就会痛彻心扉，她们似乎怕了，却又忍不住远远望着，不敢触碰，却又不甘心与它失之交臂。幸福在哪里，爱情在哪里，已经看不清楚了。

正如梁静茹所唱的："只是女人容易一往情深，总是为情所困，终于越陷越深。可是女人，爱是她的灵魂，她可以奉献一生，为她所爱的人。"对爱情的执着与沉湎让女人变得脆弱而敏感，当伤痕累累的心已经不敢继续勇往直前的时候，物质便成为了她们能够抓住的，可以给予自己一点点信赖的东西。就像其实并不擅长理财的黄潇潇要求独揽财政大权一样，如她所说，这样会让她感到"安心"。

爱情是女人的灵魂，是女人一生都在追逐的幸福，当痴情男张弟强站上《非诚勿扰》舞台，为她的女神黄潇潇而来的时候，当张弟强表示愿意为女神"奉献全部"，不管是财政还是爱情的时候，却依然遭到了黄潇潇无情的拒绝。显然，这是一个终于能让她"安心"的男人，可她却依然毫不犹豫地将他推开了。或许那一刻的果断，也让黄潇潇自己感到有些迷茫，在爱情的路上，她在追寻的东西，究竟是什么……

你是否也有过这样的迷茫？当你心中所设想的那个，满足了你一切要求的男人出现的时候，你却对他燃不起一丝热情，当你要求的"安全感"近在眼前的时候，你却发现自己丝毫也不想与它共度一生……

爱之所以迷人，正是因为它的跌宕起伏与不可预测，当爱情出现的时候，我们终究会发现，一切自己所设定的条条框框都是不具备任何效力的，他出现了，爱情出现了，那便是最完美的。

【爱情的芬芳，幸福的滋味】

爱情的路上伤痛在所难免，但爱却是女人与生俱来的一种天赋，哪怕伤痕累累，这种天赋也不可能消磨殆尽。我们都曾是在爱情路上跌跌撞撞的傻瓜，我们都难免在追寻幸福的时候将自己弄得遍体鳞伤。当我们迷失了方向的时候，当我们企图以"现实"来掩盖脆弱的时候，停下来好好想一想，自己所追寻的究竟是什么，是华丽的生活，还是温暖的幸福。

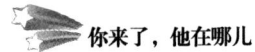

Lesson 2.

情字头上一把刀，不能忍，就残忍

当飞蛾爱上火的那一刻，悲剧就已经注定。

站在《非诚勿扰》舞台上的女嘉宾，或多或少都曾陷入过苦痛的爱情中而不可自拔，当终于走出苦痛之际，才终于绽放美丽，勇敢站上了舞台，寻找真正属于自己的幸福。

你是否也曾爱过一个不该爱的人呢？他如同那团对飞蛾有着致命吸引力的火一般，明亮温暖，让你看到了幸福的希望，但同时却也如同那团滚烫的火焰一般，随时可能将接近他的飞蛾烧得灰飞烟灭。

爱是一种很玄妙的东西，它总是毫无征兆便可能到来，你不知何时会爱上一个人，更不知那个人会不会就是你生命中一直在寻找的另一半。在寻找幸福的旅途中，你总会遇到一个个注定错过的人，或许是在错的时间遇上了他，也或许

是在对的时间遇上了错误的他，当你陷入其中苦苦挣扎，痛苦不已的时候，你会选择哪一种方式来为这段苦恋划下句号呢？

我们总能看到这样的新闻：陷入苦恋的男女在得不到对方回应，或因单方面的抛弃而轻生。爱情是美丽的，错误的爱情却是残酷的，当你如同飞蛾一般，不顾一切地爱上一团火的时候，你就注定了走向毁灭，走向悲剧的结局。

情字头上一把刀，不能忍，那么就残忍吧。

两个人在一起，总会有许许多多需要磨合的地方，免不了争吵，免不了伤痛。爱情中的忍让是一种宽容，为了两个人能够更好地在一起，为了两个人能够拥有彼此的未来，忍有时是成全一段爱情的必须条件，给予彼此宽容，忍让，才能让爱情在阳光下拥有更大的生长空间，最终开出美丽的花朵，结出幸福的果实。

但是可忍孰不可忍，很多时候，并不是一味地忍让就能够挽救悲剧的爱情。就好像飞蛾扑火一般，明明知道结局是伤痛，又何必非要不计后果地扑上去，让彼此在纠缠之中痛不欲生。爱是挽留，更是放手，在适时的时候，残忍地切断一切，残忍地划下句号，放爱一条生路，同时也是放自己和对方一条生路。

错误的时候，我们或许总会遇到那个以为是对的人，不可控制的感情如同洪水一般淹没了理智，直至决堤的那一刻才悔不当初。其实，若是在错误的时候，又怎么会遇到对的

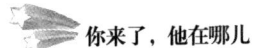

人呢，时间已经错了，便不再能有什么是对的。即便爱上了，即便舍不得，也只能叹一句："还君明珠双泪垂，恨不相逢未嫁时。"

对的时候，我们也难免会遇到错误的人，或许深爱彼此，但却永远无法找到一个完美的契合点，无论是价值观还是世界观，都朝着完全相反的方向而去，于是，在美丽的爱情故事里，充斥着永远无法结束的争执与互相伤害。此时，与其苦苦死咬着对方，何不学着松开手，给彼此一片自由的天地，去追寻适合的，真正属于自己的爱情呢。苦痛地相濡以沫，不如快乐地相忘于江湖。

人的一生会爱上很多人，当你遇到他的时候，你以为全世界只有他是特别的，只有他是你今生的归属。当他离开你的时候，你以为生活的高楼就此塌陷，你以为爱情的天空只剩下灰色。但事实上，天空依旧是蓝色的，地球依旧在孜孜不倦地转动，而你的人生也依旧在时间的鞭策下一步步向前，你始终会遇到另一个他，另一个让你惊觉，原来爱情在这里的他。回望你的情感历程，是否每一段都如同一个循环般，从甜蜜到痛苦，到下一场美丽的遇见。

真爱并非人生中唯一的一段爱情，真爱是在历经铅华之后真正握在手中的幸福。挥别错的，才能和对的相逢。爱对了人，每一天都会如同过情人节一般，幸福甜蜜。

人生是短暂的，幸福是偶然的，在遇见幸福之前，我们难免会被各种各样的错误所迷惑，深陷不幸之中而不自觉，

唯有残忍地为这些不幸划下句点，我们才能拨开云雾，看到幸福的真正所在地。真爱有时就藏在转角处，你找不到它，或许只是因为你一直停留在脚下的路上，不敢向前走几步，当你终于能够摆脱一切，大步向前的时候，你会突然发现，原来所追寻的一切就在不远的地方。

当爱情陷入无法走出的迷局，学会挽留，更要学会放手。残忍有时正是为了让爱情不再残忍。

【爱情的芬芳，幸福的滋味】

最完美的幸福并不是遇到最爱的人，而是遇到最适合的人。爱情有时就像蝴蝶一样，它能飞过千山万水，却也有无法飞越的沧海，若是勉强，最终也只能含恨没入沧海，不复存在。在爱情的道路上，是可忍孰不可忍，不可忍便要学会残忍，对自己残忍，对爱情残忍，长痛不如短痛，才能让彼此找到真正幸福的天空。

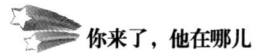
Lesson 3.
做个可以旺三代的好女人

俗话说，娶个好女人旺三代，娶个衰女人败六代。那么，各种苦苦寻找爱情的女人们，你们更愿意成为哪一种女人呢？

选择伴侣不仅仅是选择一个人，一份爱情，更是选择一种生活方式。在很大程度上，你未来的生活质量，甚至你的子孙的生活质量，与你所选择的伴侣都是息息相关的，这种质量指的不仅仅是物质上的，更是精神上，思想上的。

古人结亲讲求"门当户对"，许多人将此归结为一种门第之见，但事实上，这也是古人保证婚姻幸福最行而有效的方法之一。门当户对，说明两个人从小到大的生活背景与接触到的人和事都是同一水平线上的，而这就很可能让两个人在人生观和价值观上有一个统一的契合点。古时的男女生活圈子较为单纯，尤其是缺乏自由恋爱的沃土，因此，找一个门

当户对的人，比找一个与自己生活在不同圈子中的人更容易保证精神上的统一，也更可能获得琴瑟和鸣的幸福婚姻。

爱上一个人，必然是因为那个人身上具备某一个让你为之动容的闪光点，同样的，要让一个人爱上你，你的身上也必然应当具备让他动容的闪光点。所以，女人啊，当你感叹世界上没有优质男欣赏你，没有好男人爱上你的时候，是否应当先想想，自己又是不是那个能够让优质男动心的优质女！

当相貌平平的日本女嘉宾佐藤爱站上《非诚勿扰》的舞台上时，一句"看中国男人下厨房就觉得可怜，不让未来老公做一切家务"的话，便让她成为了众多男人心中的"完美妻子"。

佐藤爱是个性格活泼的女人，曾有一个幸福美满的家庭。2002年，佐藤爱为了家庭放弃了自己的工作，追随丈夫一同到了洛杉矶，成为了一名全职太太。不久之后，佐藤爱和丈夫有了爱情的结晶，但不幸的事情却也随之发生了，儿子还没出生，佐藤爱的丈夫就因为酒后驾车出车祸而去世了，由于丈夫是过失方，佐藤爱甚至连一分钱保险金都没有拿到。遭遇这突如其来的打击，佐藤爱的天空仿佛顿时塌陷了一般。在她最脆弱的时候，家庭应该是她的避风港，但考虑到在日本国内的父母身体不好，佐藤爱实在不愿意给他们增加负担，于是，她做出了一个重大的决定：到中国发展。

2003年底，佐藤爱带着两个月大的儿子到了上海，依靠

着勤劳的双手和坚忍不拔的性格，佐藤爱在上海逐渐闯出了属于自己的一片天空。如今，儿子已经八岁了，而佐藤爱的事业也到达了巅峰，她终于站上了《非诚勿扰》的舞台，开始寻找属于自己的爱情与幸福。

对于一个带着八岁孩子的单亲妈妈，很多人都是望而却步的，与其他年轻貌美的女嘉宾相比，佐藤爱似乎并没有多少"资本"。然而，事实上，随着大家对佐藤爱的了解，她逐渐成为了《非诚勿扰》舞台上最受欢迎的女嘉宾之一，在众多年轻漂亮的女孩中间脱颖而出。她的自信幽默，温柔亲切都深深地打动了每一个人。

当优质男杨飞专门为佐藤爱站上舞台的时候，众网友都忍不住"泪奔"了，一出场便赢得了全场24盏灯的杨飞对佐藤爱告白道："你善良、孝顺、独立，是我喜欢的那种女人。我不在乎你的婚史，每一段感情只要认真付出，不给自己留下遗憾就足够了。"

杨飞和佐藤成功牵手，网友们更是高声呼喊："我又相信爱情了！"

爱情确实无处不在，永远不要责怪它迟迟不肯光顾你的面前，当你勇敢去追寻它的时候，它总会为你带来意想不到的惊喜。赢得众多美女倾心的杨飞最终的选择却是有过婚史，并且带着孩子的佐藤爱，可见，每个男人都想娶一个可以"旺三代"的好女人。

　　每个女人都期待着，总有一天会出现一个好男人站在自己面前，拉着自己的手走向幸福。很多女人怀抱着这样的期待，在爱情的道路上却屡屡碰壁，不要去责怪命运的不公，更不需要去哀叹爱情的稀有，先低下头来审视自己，你究竟是不是一个值得爱情垂青的好女人呢？

　　爱情之中最讲究"门当户对"，你的美貌和才华都是"门户"的资本，如果两样都乏善可陈，你又如何去赢得优质男的爱情？所以，女人们应该明白，想要收获美丽的爱情，想要让"白马王子"拜倒在你的脚下，就要首先让自己成为一个能够旺三代的好女人。

　　【爱情的芬芳，幸福的滋味】

　　你想要一个什么层次的对象，自己首先必须站到那个层次的高度上。生活不是偶像剧，你也不见得就是女主角，若是没有任何闪光点，扔到茫茫人海之中，又如何让白马王子看到你？好女人永远不愁嫁，想要收获完美的爱情，与其乞求别人，不如先从改变自己开始。

253

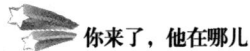

Lesson 4.

恨嫁是一种病，得赶紧治

看着身边的姐妹一个个出嫁，甚至年龄比自己小的女人也都相继步入了婚姻的殿堂，你的心中是不是也有一丝慌乱，聪明漂亮的你怎么偏偏成了被爱情剩下的"恨嫁女"？

所谓"恨嫁"，指的便是想嫁，渴望嫁，"恨不得"赶紧嫁。

"恨嫁女"如同一种大规模的传染病一般，在各大城市迅速蔓延，火了一批又一批的相亲节目。在《非诚勿扰》的舞台上，就曾来来去去过许多的"恨嫁女"，她们有的收获了爱情，牵手走下了舞台，有的默默退出，继续自己的"恨嫁"生涯。纵观这些恨嫁女，我们会发现，她们中大部分都是优秀的，美丽聪明，有一份不错的工作，有头脑有见识，可偏偏就是这样应该受着万千宠爱的女人们，却被爱情遗忘在了幸福的

大道上，到底是男人都瞎了眼，还是月老忘了牵线？

优秀的女人无论到什么地方自然都是众人的焦点，男人难以忽略的风景，习惯了众星捧月感觉的优秀女人在挑选另一半的时候，要求自然也随之而提升。作为聪明美丽的恨嫁女，回想一下自己的感情道路，是不是曾因为挑剔而错过了许多原本不错的对象呢？有时候选男人就好像挑水果一样，面对着鲜嫩欲滴的果实，总是觉得下一个会更好，但你是不是忘记了，当你在挑水果的时候，你也是筐里等待着别人挑选的水果，随着时间的流逝，筐里的优质水果已经越来越少，或许某天当你突然惊觉的时候，才会发现，自己已经不知不觉成了被爱情剩下的"筐底橙"。

看着周围的人相继披上婚纱，踏上红毯，你终于开始着急了，恨不得立刻就能从筐里找到一颗"水果"抱回家。但同时，你却又不甘心，你不甘心随随便便处理了自己，更不甘心在错过了这么多的好男人之后，随便委身于一个普普通通的男人。恨嫁的矛盾纠结在心头，你终于成为了那个被爱情剩下，渴望着披上婚纱的恨嫁女。

恨嫁女们对于爱情和婚姻的态度往往容易走向两个极端，一是依然抱持着"宁缺毋滥"的原则，继续以高标准高要求走在爱情的道路上；二是在极度渴望婚姻的状况下变成"结婚狂"，似乎只要是个男人便能随便将就。无论哪一种状态，事实上都是非常不利于爱情婚姻走向幸福的。

其实，宁缺毋滥应该说是一种对恋爱和婚姻负责的态度，

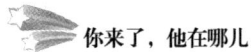

但优质的恨嫁女们却容易将"宁缺毋滥"发挥得超过了本身的意义。优秀的女人之所以会被剩下，很大一部分源于内心的挑剔，在高标准的坚持下，几乎没有多少男人能够入得了她们的法眼，如果无法改变这种"心比天高"的求偶态度，恐怕几乎是不可能达成结婚心愿的。所谓人无完人，这个世界上永远不可能存在完美无瑕的男人。

一个人越是缺少什么就越是想要什么，女人更是如此，尤其是当这件东西她觉得全世界的女人都有，惟独自己不曾拥有的时候，便非常容易陷入一种偏执的状态之中，所谓"结婚狂"类的恨嫁女就是如此。结婚的渴望会让她们失去对男人的判断，只要有机会就恨不得将自己赶紧推销出去。但是你有没有想过，一直如此优秀的你，真的会甘心委身于一个平凡无奇，或者毛病一大堆的男人吗？于是，在结婚的愿望终于实现之后，当恨嫁女们终于因达成心愿而迎回理智的时候，往往会发现，这段婚姻或许并非自己想要的，而这个男人更不是自己所倾心的。到了这个时候，女人将会开始对伴侣进行无休止的改造，妄图将眼前毛病多多的他改造成为理想中的白马王子。当然，最终取得成功的几率几乎为零。最终这段婚姻只会有两个结果：男人受不了而离开，或女人受不了而放弃。

恨嫁是一种病，一种急切需要治疗的病。恨嫁其实是一种内心脆弱的表现，对于一个内心强大的女人而言，她永远不会害怕爱情的到来，更不会畏惧因自己的选择而必须承担

的孤独和寂寞。当你在岁月之中已经沦为"剩女"的时候，更要学会优雅地活着，理智地面对爱情的选择，唯有如此，你才能在爱情的道路上收获幸福的果实。

【爱情的芬芳，幸福的滋味】

实际上女人几乎都是理想主义者，她们期待着自己能拥有一种完美的生活，因此，每个女人心中都有着一个完美得不食人间烟火，却又能够翻越高山大海为爱不顾一切的白马王子。但在现实里，这样完美的王子是不存在的，想要过上什么样的生活，就得付出相应的代价。很多女人正是因为迟迟不明白这一点，才死守着高标准高要求的白日梦，而最终错过了一次次获得幸福的机会，加入了社会上的"剩女"大军之中。

成为"剩女"并不能阻断我们对爱情对幸福的追求，重要的是你有没有摆正你的心态，对于生活，对于爱情有没有正确的认识。勇敢而理智地去恋爱，去接受那些不完美的人，或许有一天，你会发现，原来Mr right就在眼前。

Lesson 5.

坚持自己的爱固然很感人，但这也是有成本的

　　每个女人都有一个"琼瑶梦"，期盼一份"山无棱，天地合"的爱情。比起一见钟情的浪漫，历经沧海桑田却依然此志不渝的坚守更加令人动容。但人生短短数十年，坚守一份爱情的成本，却不是每个人都付得起的。

　　两情相悦是爱情最完美的结局，但在现实里，却总也少不了充满缺憾的单相思。爱情的残忍就在于你所爱上的人不一定能够回应你的爱，有的人在失落之后收拾了心情，转向另外的方向寻找自己的归属，而有的人却驻足凝望，傻傻坚守，期盼着爱情有所回应的一天。坚守的人，有的终于感动了心中男神或女神，收获感人至深的故事。当然，也有很大一部分，蹉跎了岁月，流逝了青春，在坚守中孑然一身。

　　在《非诚勿扰》的舞台上发生过许许多多的爱情故事，男嘉宾陈鑫对"冷美人"唐静的七年痴恋就曾让无数网友感动垂泪。

　　唐静是一名空姐，温柔美丽，娴静大方，从学生时代开始就从不缺少追求者。她曾有过一段难忘的初恋，或许正是那种纯净的感觉一直深藏在心中，所以唐静对爱情依然有着小女孩的幻想。唐静曾坦言："我已经过了一见钟情的年纪，参加《非诚勿扰》也是奔着结婚的目的来的，所以会考虑的多一些。"

　　但即便如此，对于唐静而言，一见倾心的感觉依然是她理想中的爱情里不可缺少的一部分。

　　男嘉宾陈鑫是唐静相识多年的朋友，从大学时代开始就一直暗恋着她，他曾向唐静表白过，却没有打动女神的芳心。时隔四年，陈鑫却依然痴心不改，终于登上了《非诚勿扰》的舞台，在众人面前再次对唐静表达了深藏七年的感情。在感人至深的爱情表白中，但无数人怀抱着美好的期待，等着着这份坚守七年的爱情有一个美好结局的时候，唐静却拒绝了陈鑫。

　　唐静说："我真的很感谢你，在我生命中或许只有一个像你这样为我守候七年的男生……但感动不是爱。对这种爱，我更多的是感到害怕。"

　　在节目播出之后，这段七年痴恋引发了热议，有人支持

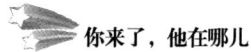

唐静对爱情负责，果断拒绝的态度，也有人为唐静感到可惜，认为她错过了深爱自己的人，错过了一段值得握在手中的幸福。在我们的生活中，这样的事情并不少见，让人动容的感动不一定能够收获完满的结局。为爱坚守，也不见得能获得柳暗花明的结局。

坚守一份爱，我们所要付出的成本是最宝贵的时间与青春，在这种孤独与寂寞的煎熬中，守着一个不知道结局的故事，所付出的代价是十分高昂的，也正因为如此，这样的坚守才会让无数人为之动容。

但女人的青春却是有限的，人生的岁月也是短暂的，在坚守一份爱情上，女人所付出的成本远远要高于男人。你用青春去感动一个男人，你用坚守去等待一段爱情，与此同时，你的人生也在渐渐消耗，等到故事结局的时候，你或许终究也只能一无所有。坚守是感人至深的，但放弃何尝不是另外一种寻求真爱的方式。当你痴迷于远处风景的时候，或许正错过了窗口痴迷于你的人。

【爱情的芬芳，幸福的滋味】

爱是坚持，也是放弃，爱是舍，也是得，不外乎你一念之间。当你遇到一份不完美的爱情之际，无论是选择留在原地坚守，还是改变方向寻觅，都记得核算一下你所要付出的成本，做好最终可能血本无归的准备。

周末小测验·你现在适不适合谈一场恋爱

（以下小题中选择 a 得 1 分，选择 b 得 2 分，选择 c 得 3 分，选择 d 得 4 分）

1.你主动提出了分手，但是男友却不肯放手，你会怎么说？

a.孩子，姐不是看不上你了，也不是不想疼你了，而是你现在的样子令我很失望

b.你放开我吧，求你了，你再不放开我，我就死给你看

c.还是放手吧，爱情早已经没有，我已经有了新的喜欢对象，祝我幸福吧

d.为什么要考虑怎么说？我都决定不和他在一起了，干嘛还要去给他说分手理由

2.你选男朋友时最看重的一条标准是什么？

a.帅锅，必须是帅锅，没有帅锅的世界是黑暗的，我只找能够给我阳光的帅锅

b.可以不是很帅，但也不能拿不出手，学历要比普通人高一点，其他的就没有啥了

c.长相和学历都重要但都不是最重要的，人好最是关键，人品有问题的绝不会考虑

d.谁能给我足够多的钱谁就能做我男朋友，我只想做一个有钱人的女朋友

3.在你看来男人应该是一种什么动物？

a.猎狗，他们应该像猎狗一样忠诚，可以拼尽生命去保护女人

b.大象，男人就应该像大象一样给人成熟稳重的感觉，这样女人才有安全感

c.金丝猴，那么可爱，那么有趣，男人就应该像他们一样又可爱又有趣

d.他们根本就不是什么动物，因为他们连动物也算不上！

4.你知不知道你的男朋友有多少个前女友？

a.必须知道，他和她们之间的每一个细节我都问得清清楚楚

b.知道，但是我不确定他告诉我的数字是真实的，以后还有待考证

c.没有问过，何必知道这些呢？只会给自己徒增烦恼

d.我到现在还没有过男朋友呢！我到现在还没有过男朋友呢

5.你的男朋友和你的闺蜜偷偷在一起了，你知道后会怎么办？

a.这绝对是想让我毁灭世界的节奏，失恋了，还没有闺蜜

倾诉，我要自杀

b.我要把我的男友抢回来，真是没有想到，那个贱人竟然让我信任了这么多年

c.一定是我哪里不够好，或者是我对他们都太好了，那只好祝福他们了

d.嘿嘿，我会找一个更好的男友的，至于闺蜜么，我会晚上去砸她家的玻璃

6.你要吃米饭，男朋友却要吃面条，你会？

a.作为一个大老爷们，他就不能让着我点嘛，真是一点绅士风度都没有，枉为男人

b.有点委屈又有点期待地看着他，直到他答应为止

c.掷硬币吧，这个方法很公平，谁赢听谁的，也不会产生矛盾

d.摔门而去，我就是要吃米饭，今天吃不到米饭，咱们就别处了

7.他暗示你，我们是不是可以去开房，让关系更近一步，你会？

a.坚决反击，八字还没有一撇呢，就像占姑奶奶的便宜，居心不良

b.装作不知道？他会不会不高兴，我还是先去卫生间考虑一下吧

c.告诉他：我是一个随缘的女人，但我不是一个随便的女人

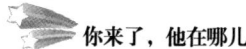

d.去就去呗，反正初夜都作古好几年了，去了又有什么关系呢

8.你现在是不是每天说话最多的人还是老妈？

a.当然是啦，每天不跟老妈聊天聊美了，感觉就像没吃饱饭似的

b.没有啦，跟同事呀、闺蜜呀聊天聊的最多，不过聊天的内容都是男生，嘿嘿

c.不清楚，跟谁都说话，当然每天见到老妈的次数最多，可能跟她说话最多吧

d.世上只有妈妈好，有妈的日子就是好，每天都能聊一聊，生活乐无忧

【测试结果】

8—16分：真的很抱歉，请允许我告诉你这样一个惨痛的消息：你现在真的不适合谈恋爱。也许你已经是个待字闺中好久好久的黄花老闺女了，可是你不改变你的脾性以及你的思维方式，那么我将无比坚定地相信你在未来的很长一段时间里还会待在你早就开始痛恨的闺阁之中。亲爱的，别在继续跟自己较劲了，这样真的一点意义都没有，你现在最需要做的就是每日三省己身，看看自己身上的哪些地方不对不招人喜欢，趁早改了了事，不然你期盼的那场恋爱不知何年何月才会降临。

17—26分：你现在真的很适合谈一场恋爱，因为你能控

制住自己，你知道自己喜欢什么样的男人，你知道自己该和谁去约会，你更知道如何在男人面前展现出自己的魅力。所以你现在要做的就是，每天都化好妆等待着那个有缘人来推开你的房门吧（不用我说你都会化妆，看来我是真的有点多嘴了），然后谈一场浪漫至极的爱情吧！相信，你一定会幸福的！

27分以上：你总是固执地以为认为是爱情来找你而不是你去寻找爱情（但愿我说的这句话不是很准确），所以你一直以来都是一个不适合谈恋爱的人。那么你到什么时候才适合谈一场恋爱呢？答案嘛，其实我也没有更好的答案，我只能告诉你：什么时候你成为了一个合格的女人，什么时候你就可以谈一场恋爱了。

你来了，他在哪儿

十二堂婚恋幸福课

《非诚勿扰》给女人的

第十一课

独立的女人最珍贵

—— 有了他告别孤独，离开他也要不寂寞

也许，你的生活正因为他的离去而支离破碎。

也许，你梦想的爱情正因为他的离去而颓然凋零。

可是，这就是你放弃自己放弃人生的最根本理由吗？你应该明白，能够掌控你这一辈子的人只有你自己，男人是你头顶的那片天不假，但男人绝不是头顶上的整个天空，只要你不把男人看做是自己的上帝，那么你一定能够摆脱没有男人的窘境。

记住，独立的女人不是不依靠男人去生活，而是离开了男人之后她依然活得很精彩。

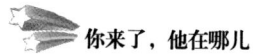
Lesson 1.
你可以为他放下一切，但不能失去自我

女人是非常感性的动物，陷入爱情之中的时候总会变得盲目冲动，全情投入，甚至可能为爱毫无保留地放弃一切。所以才会有人说，处于恋爱中的女人，智商往往为零。

牺牲是一种让人为之动容的精神，一个愿意为爱情而牺牲的女人是所有男人都无法拒绝的。但是，这个世界上任何事情都应该有度，牺牲也一样，若是超过了某个度，将会适得其反，而女人所作的牺牲也将会变得惹人厌恶。在爱情中，女人什么都可以放弃，却惟独只有一样东西，万万不能失去，那就是自我。

一个失去自我的女人，就好像没有灵魂的躯壳一样，再没有任何的特别之处去让人心动，让人珍惜。我们身边有很多这样的女人，在结婚前，她们明艳动人，美丽不可方物，而在结婚后，她们往往为了家庭，为了丈夫，为了孩子，放弃了自己曾一直钟爱的活动，放弃了光彩照人的美丽，甚至放弃了自己曾经的梦想、原则和坚持。她们穿着宽大的衣服，顶着过时的发型，忙忙乱乱，不再注意身材，不再祈求浪漫，成了男人家里的"黄脸婆"。

不记得从哪一天开始，丈夫好像再也没有夸奖过她们，也不记得从哪一天开始，丈夫已经不再像从前那样对她们呵护备至。女人们感叹：他变了。但请在镜子中看看你自己，女人啊，你何尝不是变了呢！

爱是一种触动，一种灵魂上的共鸣，在坠入爱河之始，他爱上的，正是你这个人，你的外貌，你的个性，你的喜好，你的思想，你的灵魂！这一切正是他在茫茫人海之中选中你的原因，这一切正是他在千万人之中惟独爱上你的原因。所以，当你失去这一切的时候，无论是为了什么，你将你的自我，你的独特牺牲掉的时候，男人也就失去了爱上你的原因，爱情也将随之消散，不复存在。

现代社会虽然处处提倡男女平等，但事实上，在家庭和事业的选择中，女人比男人更加倾向于为家庭而牺牲事业，仿佛这种为爱，为家庭的牺牲精神便是女人与生俱来的一般。也正因为如此，在很多时候，女人总认为自己为这个家付出了太多，却始终得不到回报，有时还不得不面对着丈夫的不理解，仿佛自己的牺牲反而成了一个错误。

家是两个人共同撑起来的，爱情是两个人站在平等的位

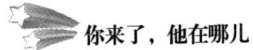
置相互尊重和信任而建立的，单方面的牺牲并不能让爱情变得更美，也无法将家支撑得更牢固。单方面的牺牲，有时候更是一种沉重的负担，压得自己痛不欲生，逼得对方喘不过气。

女人应该有自己的世界，有自己的爱好，有自己追求的梦想或事业。女人不应成为附属品而活着，而应该作为一个完整而独立的个体散发光芒。除了爱情，除了家庭，在生命中还有许许多多的事情值得我们去留意，值得我们去追求。与其在爱情中做那个一味牺牲的人，不如丰富自己的生活，增加自己的阅历，让自己比从前更加完美，用无与伦比的魅力去征服男人，留住男人！

唯有独立的女人才是最值得男人珍惜的，也唯有独立的女人，才能让男人永远不会失去新鲜感。你可以为爱放下一切，你可以为家庭牺牲事业，但你永远不能让自己的灵魂也成为牺牲品！

【爱情的芬芳，幸福的滋味】

想要别人爱你，首先你要学会爱自己。做一个珍爱自己的人，保持自己独特的个性，这才是保鲜爱情最有效的方法。惟命是从的女人或许会让男人短暂地心生怜悯，但永远无法长久地抓住男人的心。

要知道，在爱情的世界里，你可以牺牲，可以奉献，却永远不能迷失你自己，一个失去自我的女人，是没有一丝魅力

的。女人一定要记住，永远不要让你的世界里只剩下丈夫和孩子，为自己留一个位置，为自己留一片天地，唯有这样，才能在爱情的世界里优雅前行，常胜不败。

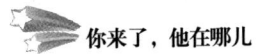

Lesson 2.
没有他，你的世界依然晴朗

　　不是所有的故事都有大团圆结局，不是所有的人都不会离你而去，不是所有的爱情都能挺到地老天荒。

　　沉湎于一段爱情中的时候，我们总以为没了他，世界都不会转动了。爱上一个人的时候，我们总以为除了他，此生再无所爱了。然而在漫长的人生旅途中，经历了一次次的悲欢离合之后，我们会发现，原来无论是人生还是爱情都如此，没有谁离不了谁，也没有谁非谁不可。乌云不会永远掩盖蔚蓝的天空，太阳总会从云层背后露出光芒。

　　她叫官晶晶，是《非诚勿扰》舞台上一个有些特别的女孩，在众多寻找爱情的女孩中间，她却是来挽回爱情的。官晶晶站上这个舞台，为的便是要挽回她的前男友，她希望他

能看到她的勇气与等待，希望他能够站上这个舞台，重新牵起她的手，重新捡起被丢掉的爱情。

在这期间，也有男嘉宾顶着官晶晶如此特别的"相亲宣言"迎难而上，执着地坚持选择她到最后，但官晶晶一次次拒绝了，这个沉湎于逝去情感中的女孩将自己的心门紧紧闭上，一心只等待着那个伤害了自己的人再次回首。

几个月过去了，官晶晶的等待没有得到任何回报，那位占据着她的心，让她久久不能释怀的前男友始终不曾现身。但官晶晶却等来了一个让她倍感意外的人——朱峰。

朱峰是官晶晶的同事，和她在同一个办公室里相处一年多了。性格腼腆的朱峰一直暗恋官晶晶，但却始终不敢表白自己的感情，直到后来，当他知道官晶晶上了《非诚勿扰》之后，顿时感到着急了，生怕别人将自己深爱的女人牵走。终于，朱峰鼓起了勇气，报名参加了《非诚勿扰》，并要求能够参加最近一期的录制。在节目组的通融下，朱峰几经辗转，终于到了南京。看到朱峰的诚意，也为了成全这段爱情，《非诚勿扰》将舞台交给了朱峰，他成为了该节目史上第一个直接表白，而没有按照节目流程走的男嘉宾。

朱峰带来了他偷偷为官晶晶画的素描像，对她诉说了自己心中深藏的感情。面对这忽如其来的动人告白，官晶晶流泪了，那一刻，她紧闭的心门终于被朱峰深沉的柔情所敲开。

和朱峰牵手后的官晶晶重拾了笑颜，回忆起当初那段一直让她难以释怀的感情，官晶晶笑言："现在身边有人一直

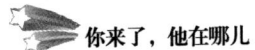

关心，我感到很幸福，我知道那种关心人的感觉，更知道被关心的感觉。过去那五年太苦了，我很珍惜现在在眼前的爱情。"

许多女孩和官晶晶一样，总是沉湎于过去的感情不可自拔，一心一意去做着许许多多的傻事，只为了挽回那段早已经成为过去式的感情。如果不是朱峰的出现，或许官晶晶还会一直沉湎于痛苦之中，看不到生活的阳光。官晶晶是幸运的，朱峰用爱让她的世界再次充满阳光。但更多的女孩却都没有官晶晶的幸运，在她们小小的世界里，没有朱峰来抚慰她们受伤的心，也没有朱峰牵着她们的手，带她们走向幸福。唯一能够解救她们的，只有自己。

失恋确实是一个沉重的打击，曾经两个执手相握，如今两颗心却天各一方。我们曾经相爱过。这是一句让人感到如此心酸的话，每个人读到都不免思绪万千。爱上一个人是件美好的事情，而失去他，则会让我们痛彻心扉。但月会缺，人会变，再深的感情也免不了沧海桑田。

爱情是一种可遇不可求的玄妙缘分，它来的时候你无法将它拒之门外，正如它要走，你也无法将它锁在怀中。你能做的，便是潇洒挥别过去，让自己走向更加灿烂的明天。你的世界是否晴朗，取决于你的心是否晴朗，他走了，也无法带走你的阳光！

【爱情的芬芳，幸福的滋味】

当一份爱消失的时候，无论多少痛苦都无法找回；当一个人离开的时候，无论多少泪水都挽留不住。失恋几乎是这个世界上所有人都无法避免的事情，面对失恋，有的人痛不欲生，将自己藏在阴霾之中，久久无法走出；而有的人则潇洒转身，挥挥手告别，寻找下一段阳光明媚的故事。无论是哪一种人，对于她们来说，失恋所带来的痛楚都是一样的，不一样的，是她们对爱情的理解与认识。

爱情是生命中一件美丽而珍贵的东西，但要明白，即便如此，爱情也并非你人生的全部。你的世界应该更加丰富多彩，爱情只是它的调味品，让它变得更加美味，更加甜蜜。任何人都没有权利让你的世界刮风下雨，惟独你自己能够选择，是在阳光下活着，还是用乌云遮盖起蔚蓝的天空。

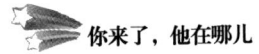

Lesson 3.

无论如何，都要配得上自己所受的苦

男人的自私往往来源于女人过多的付出。

你爱他，为他洗尽铅华做饭洗衣，为他事事安排得面面俱到，可他始终不满意，嫌这嫌那，似乎你的付出都变得理所当然，而又廉价无比。你不明白，自己为他所受的苦，难道他都看不见吗？自己为他所牺牲的一切，难道他都不明白吗？不，是你错了。你的错误在于过多地牺牲了自己，你的错误在于过度的能干，你的错误在于你让自己受了过多的苦，你的错误更在于你以男人为中心，从而失去了自己的独立性。

有人说过这样一个故事：当你每天给他一个鸡蛋的时候，起初他是充满感激的，可慢慢的他就习惯了，于是有一天，你忘记把鸡蛋给他了，他反而会开始责备你，为什么不把鸡蛋拿来！

人都是如此，当你对一个人的好被他当成习惯以后，你对他一点点的不好反而成了错误，而你对他的好却成了理所当然的事情。爱一个人，愿意为他付出，这原本是一件非常自然的事情，但如果有一天，你的付出与你的收获已经不成正比，你所受的苦已经远远超过了你得到的美好，那么，你或许该停下来，好好审视自己的行为一番了。

爱情是自私的，是需要回报的，是两个人为彼此付出，为彼此牺牲，又向彼此进行索取的双向交流，长久的爱情永远无法只依靠单向的付出和牺牲为依托。

甘愿劳累受苦付出一切的女人不见得会更讨男人喜欢。纵观我们周围各种各样的女人们，比起那些任劳任怨，做完自己的事情还恨不得把别人的事情一并包办的"女汉子"们，更受男人追捧和喜爱的，反而是那些抬不起，端不动，还有些喜欢让男人帮忙做事的"女神"。她们总是一副弱不禁风的样子，一个笑容就能把男人迷得团团转，甘心为她当牛做马。

勤劳是一种美德，但女人的勤劳应该有技巧，而不是一味包揽活计，自己活得像丫头，把男人伺候得像大爷。如果你仔细观察，一定会发现，在我们周围，有着很多这样的女人，勤劳努力，所有脏活累活，无一不包揽到自己身上，以为只要这样，就能成为人人称颂的"贤内助"，当这一切都成为一种习惯，那么，她将会做一辈子的粗活累活，所能得到的，或许紧紧只是亲戚朋友们一句敷衍的夸赞。当牛做马的女人将会没有时间照顾自己而沦为黄脸婆，反而那些活得轻

松的女人能让自己越来越年轻，越来越美丽，成为男人心头的牵挂。

女人的勤劳应该放在照料自己，以及引导男人"变勤劳"上。男人在很多时候是被动的，但与生俱来的大男子主义又让他们为女人需要他们而感到沾沾自喜。所以，聪明的女人懂得引导男人来做事，再给予他无数个感谢的信号，既避免了自己受苦受累，一手包办所有事情，同时也让男人感觉到自己被需要，从而拥有极大的满足感，可谓是一箭双雕。

生活难免会有辛劳，受苦不要紧，要紧的是，你一定要配得上你所受的苦，让自己在受苦过后收获到的，是满足和甜蜜，而非痛苦与不甘。

【爱情的芬芳，幸福的滋味】

女人要想配得上自己所受的苦，就要懂得如何"受苦"。聪明女人的"受苦"并不意味着让自己细嫩的双手变得粗糙，让自己娇美的面容过早地衰老，她们懂得用脑子思考，用双腿奔走，抓住机遇，享受生活。她们懂得让男人心甘情愿地为自己做事，同时还给予他们极大的满足感。她们更懂得如何出得厅堂，不进厨房就准备好一桌佳肴。要成为幸福的好命女人，你一定要记住，让你的双手空闲下来，让你的思想去自由驰骋。与其将男人变成自己世界的中心，不如让自己成为男人世界的中心，要知道，男人离不开的"贤内助"，绝不会是个任劳任怨，蓬头垢面的"黄脸婆"。

Lesson 4.

女人要独立，但不一定用钱来证明自己

女人花男人的钱是天经地义的事情，男人的天性之中便存在着对女人的征服欲和保护欲，为自己爱的女人花钱，能给男人带来极大的满足感和成就感。

在现代社会，女人已经不再是男人的附属品，越来越多的女人凭借着优秀的工作能力在职场上风生水起，有的收入甚至远远超过了很多男人。于是，很多有着优秀工作能力和不菲收入的优秀女人开始主张经济独立，甚至发出宣言，不再花男人的钱，不再靠男人来养活。

确实，女人一定要独立，而要独立，首先要做到的就是经济上的独立，只有独立的女人才不会受制于男人，也只有独立的女人才能散发出让男人无法抗拒的魅力。但女人的独立并不需要用钱来证明，女人要有钱，但并不意味着，就一

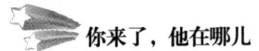

定得花自己的钱。

你不花男人的钱，外面多的是女人抢着帮你花。男人为心爱的女人花钱，既是一种抒发大男人情怀的方式，同时也是一种表达爱情的途径，所以，当女人一次次拒绝男人为自己花钱的时候，同时也是在拒绝男人的爱和关怀。这也正是为什么时至今日，许多男人对有着强大经济实力的"女强人"总是选择望而却步的原因。

美女设计师杨颖是《非诚勿扰》舞台上引人注目的女嘉宾之一，32岁的她已经是某奢侈品牌的服装设计经理，漂亮的外貌加上高收入的工作，杨颖无疑是《非诚勿扰》舞台上的优质女之一。

当男嘉宾伍子龙来到《非诚勿扰》舞台上的时候，英俊潇洒，彬彬有礼的他顿时赢得了众多女嘉宾的好感，杨颖也是其中之一。

37岁的伍子龙无论是硬件条件还是软件条件都当之无愧是女人心中的"白马王子"。从外形上来说，他英俊潇洒，气度非凡，浑身散发着让人难以抗拒的熟男魅力；从学历上来说，他更是堪称学霸级人物，手握一个本科三个硕士学位，还正在攻克工商管理博士的高峰；从工作上来说，他更是不少年轻人的职业偶像，集银行家、投资人以及会计师等多种身份于一身。他阅历广，爱好挑战，丰富的人生经历造就了其与众不同的气质。

伍子龙的出现瞬间"秒杀"了杨颖，她坚持为他把灯留到了最后。然而，伍子龙却最终没有选择这个优秀的女人，他坦言，更希望自己未来的另一半在性格上是个小鸟依人的女孩，他并不打算找一个女强人做自己未来的妻子。

完全称得上"高富帅"的伍子龙都表示"Hold"不住女强人，那让广大的男同胞们又该如何是好啊！

优秀的女人让男人臣服，过于优秀的女人却容易让男人望而却步。原因其实很简单，男人需要被崇拜，需要证明自己存在的价值，因此，比起独立自强，什么都能自己解决的女人来说，男人更加心疼那些依赖他，需要他的女人。

很多女人在结婚之后就会变得很傻很傻，不愿意，也不舍得花老公的钱，甚至当他想要买东西送给你的时候，也会恨不得把东西退了，把钱存起来。你认为自己是在为他着想，但实际上，你是在把他一点点从自己身边推开。当你一点点让他习惯不再为你花钱的时候，他对你的爱也就一点点习惯性地减少了。

花男人的钱，是接受他的爱，给予他满足感的方式，更是鞭策他努力拼搏的动力。女人会花钱，肯花钱，男人才会更有动力地去赚钱。当然花钱并不等同于败金，花男人的钱要视乎经济实力来决定，多就多花点，少就少花点，最重要的是那种不分彼此的感觉，是那种让男人感觉到自己能够成为你的依靠的感觉。

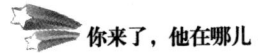

【爱情的芬芳，幸福的滋味】

作为女人，你一定要有钱，不需要大富大贵，但至少要能够让你有底气在想要离开时昂着高贵的头大步走开。经济的独立是支撑女人独立的必要条件之一，而只有独立了，女人才不会成为男人的负担，才能够有自己的坚持，保持自己的个性。但有钱却并不意味着女人一定要花自己的钱，任何一个聪明的女人即便自己很有钱，也依然会在男人面前撒娇，让他给自己买东西，或贵一些，或便宜一些。女人花男人的钱是爱的表现，同时也是一种鼓励。男人需要成就感，而女人最能给他成就感的地方，就是感激地接受他的关怀与照顾，好好花花他的钱。

Lesson 5.

你可以委曲求全，但不能总委曲求全

你是否曾爱过一个人，爱到常常放弃自己的原则，降低自己的底线，爱到久久将委屈藏到心里，只求能和他地久天长？如今不管你是否已经失去了这份爱，还是依然在这苦恋之中挣扎，都要提醒自己，委曲未必能够求全，女人可以为了爱放弃一些东西，但如果女人一直在为爱而选择放弃，失去这份爱的时候，女人最终只会变得一无所有。

当委曲成为一种习惯，你的委曲便不再会成为他放在心头的感动。一个男人，若时常都以你的委曲为代价去成全别人，你认为他对你的爱又究竟有多少呢？爱情是双方付出的一种共鸣与交流，只有一方的付出，永远无法维系长远的爱情。

在《非诚勿扰》舞台上，有着许许多多靓丽的女嘉宾，其

中不乏许多曾被爱伤透的女人，关欣就是其中之一。

关欣首次在《非诚勿扰》舞台上亮相的时候，一副美少女战士的造型，宣称自己喜欢光头肌肉男，瞬间嗨翻全场。正是因为大大咧咧有点儿"二"的个性，加上自己又姓关，关欣在朋友圈子里赢得了一个"关二爷"的美称。

舞台上的关欣一直是个直爽泼辣，敢爱敢恨的女孩，甚至比许多男人都要爽快得多，一直自认是个"女汉子"。

24 岁的关欣在来到《非诚勿扰》舞台之前只谈过一次甚至不算确定的"恋爱"，这段"恋爱"从高中生涯就一直持续到了大学毕业，一直是她主动追求，主动示好，主动付出。然而，在这么多年的"爱情长跑"里，男方确实不拒绝，也不主动，甚至从来没有正面在众人面前承认过什么。

这是关欣的第一段恋爱，留下的却是一段长长的"备胎史"，当回忆起这段过往的时候，"女汉子"关欣也不免激动难抑，泪流满面，曾经的委曲全部涌上心头。这已经成为了她记忆中一道透着苦涩和悲伤的风景。

两个人在一起，总是免不了要迁就对方，尤其是在相互磨合的时候，只有宽容和退让才能牢牢牵住彼此的手，一起走向白头。然而，这种迁就和退让应该是双方的付出，并非单独一方的委曲。

在关欣的"恋爱"中，她正是抱着一种委曲求全的心态，以一种默默付出的姿态在维持这份甚至没有"身份认证"的

爱情的。然而，委曲最终没有能够求全，她已经想不起来，或者说是不想再想起究竟为何最终会和那个男人结束的。

女人的傻和天真就在于，总以为只要自己一直退让，一直付出，男人就会明白自己的用心良苦，总有一天浪子回头。但事实上，现实却向我们无情地证明，当女人一味委曲求全，选择退让和原谅的时候，男人将会变得越来越无法无天，双方在爱情中的地位也会变得越来越失衡，最终不可避免地轰然塌陷。

无论是在爱情还是在婚姻中，女人的委曲求全往往是因为过于依赖男人，将男人当成了自己世界的中心。要知道，男人可以作为你的依靠，却永远不能成为你依赖的对象，当你将自己的一切都寄托在他身上，当你完全依赖着他，无论喜怒哀乐甚至都由他来给予，你在爱情中就已经失去主导权了，他成为了你唯一的世界，你也就只能一味地委曲求全了。

一个男人如果爱你，绝不会让你一直委曲，一个男人如果不爱你，哪怕你失去一切，退让千万步，他也不会为你感到半点心疼。女人可以宽容，可以大度，可以原谅，但一定要记住，凡事都该有自己的底线，当触及底线的时候，要果断表明自己的态度，只有两个人站在同等的位置上，才可能成为彼此的依靠，也才可能相互携手，一同走完未来的路。

【爱情的芬芳，幸福的滋味】

世界上没有两片完全相同的树叶，更没有两个完全相同

的人。两个人在一起，总是免不了有意见相左的时候，只有宽容和理解才能化解矛盾，维护感情。但同时，你一定要记住，宽容和理解并不等同于一味的退让和委曲，在爱情里，无论是男人还是女人，保持自我和独立是非常重要的，你可以为爱选择包容，却不能迷失自己，当自己都迷失的时候，爱情也将随之而消失。

在爱情的世界里，委曲永远无法求全，他爱你，你的一切都是对的，他不爱你，你就如同白色墙壁上的污渍，就算雕琢得再美丽，也让人横看竖看不顺眼。真正的爱情，你不需要委曲，它也始终握在你的手中；走远的心，无论你如何退让，终究也只能让它越走越远。女人要宽容，却不能纵容。

周末小测验·你是不是一个独立性强的女人

（以个小题中选择 a 得 1 分，选择 b 得 2 分，选择 c 得 3 分，选择 d 得 4 分）

1.家里的电灯泡突然坏了，这时候你会怎么做？

a.多简单一事儿啊，直接拿出备用的电灯泡换上不就得了

b.有点害怕，蹑手蹑脚的拿出电灯泡装上，一边装一边祈祷千万别电死我

c.直接给物业打电话，让物业的人来换吧，我换都换不好

d.这对于我来说根本就不事儿，因为我喜欢黑暗，晚上从不开灯

2.从公司加完班已经凌晨了，这时候你怎么回家？

a.打的回家呗，能有多大事儿啊，难不成我害怕鬼不成

b.请公司的男同事送自己回家，这么晚了打车回家遇到坏人怎么办

c.不好意思找同事送自己回家，还是给老爸打电话让他来接我吧

d.这个时候为什么还要回家？直接在公司沙发上睡一宿，

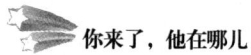

明天接着干

3.在商场遇见了一个态度恶劣的导购员，你会怎么做？

a.要吵架还是要打架，我都能奉陪到底，今天要比不出个高低，姑奶奶就跟她姓

b.非常不屑地看对方一眼，然后昂着头唱着曲儿悠哉悠哉地走了

c.找经理投诉她，态度这么恶劣，严重损害了商场形象

d.现在投诉已经不能化解我的愤怒了，能化解我愤怒的唯一方式就是报警，火警也成

4.一觉睡醒后发现自己变成了世界上最丑陋的人，你该怎么办？

a.活不下去了，比遭遇了世界末日还残酷，我再多活一分钟就是对自己多一分不尊重

b.怎么会这样子，我要找个美容师，让他给我想想办法，我还要出去逛街呢

c.既然已经成为了世界上最丑陋的人，那就说明我再也不会比现在还丑陋了，好吧，那就继续努力生活吧

d.对一个从来只关心工作不关心容颜的女人来说，丑陋这个词对她来说没有任何意义

5.你喜欢看哪种题材的电视剧？

a.肯定是韩剧啊，那么多帅哥，那么多美女，真是太养眼了

b.都市生活剧，尤其喜欢看与婆媳有关的电视剧，贴近生活

c.什么电视剧情节好看看什么，没有特别要求，关注演员

阵容和编剧、导演是谁

d.整天拿出两个小时看电视剧的人都是堕落的，看电视剧能提高工作能力吗

6.假如手头有一大堆没有完成的工作，你会有什么样的表现？

a.着急上火，怎么攒了这么多工作，前些天我都造什么孽去了

b.请关系好的同事吃顿饭，让他帮我分担一部分，要不压力太大了

c.深刻检讨自己，然后理清思路，争取在最短的时间内完成工作

d.哼，笑话，对于一个工作狂来说，这个问题也算是问题么，通宵达旦地干

7.你每月的工资是上缴给家里还是自己留着？

a.必然是交给我老妈啊，虽然极度不情愿，但是还是没有办法抗拒

b.自己留一半，再上缴一半，不够的时候再找朋友借着花

c.自己的工资自己管，家里用钱我会给，平时买些基金和银行理财产品

d.除了每月必须的开销之外，剩下的钱全部都存进银行卡里，一分不花

8.结婚时贷款买的婚房，婚后你会不会和男友一起还？

a.看我的收入情况了，如果我买了化妆品和衣服还有剩

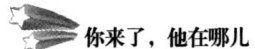

余，那我就帮他还

b.他承担三分之二，我承担三分之一，男人嘛，就要比女人多付出

c.肯定会帮他承担，因为这所房子是我们共同的家

d.为什么要贷款买房子！这样的男人我是坚决不会嫁的，坚决不做房奴

【测试结果】

8—17分：毫无疑问，你的独立性还是很欠缺的。不过，在给你说了不好的消息后，我又会告诉你一个好消息的：尽管你的独立性不是很高，但是你的可塑性却很不错。什么意思？我的意思就是说：凡事喜欢依赖别人并不是你的错，只是你身边的人太宠溺你了。如果你从这一刻起想要做一个独立性很强的女人，那么你就应该大声地告诉你身边的人，"别在每一件事情上都想方设法地去帮助我了，让我自己成长吧，总有一天我会成为一个独立性很强的女人"。

18—25分：如果有一天世界上突发洪水，大家都乘坐诺亚方舟逃到了另外的星球之上，洪水滔天的地球上只剩下了你一个人，我也会相信，你能够不紧不慢不慌不忙地让自己摆脱困境的，因为你是一个独立性非常强的女人（你说这是什么烂比喻？请不要打断我说话好不好！！！）。现在你最需要做的就是继续保持下去，继续做一个幸福的独立女性吧！

26分以上：你其实是一个非常独立的女人，工作上不需

要别人帮助，生活中不需要别人帮助，总是自己一个人面对所有棘手的难题。可事实上，你真的是不需要任何帮助吗？不是不需要，而是你不想要，不是你非常独立，而是你早就已经成为了一只脱离了羊群的羊（说得直白点就是你把固执当作独立）。所以，你如果也想让自己成为一个幸福的独立女性，那么你就赶快回归到人类中来吧（别哭，尽管这句话说得有点重，但这对你绝对是有莫大好处的）！

你来了，
他在哪儿

十二堂婚恋幸福课

《非诚勿扰》给女人的

第十二课

爱，注定是一生一世的修行

——淡定从容，下个转角遇到爱

爱情可能是一杯泛着苦味的咖啡，爱情也可能是一杯散发着香醇的奶茶。

爱情是苦的还是甜的，这就看你在漫漫情感之途上的修行了——修行是一条艰苦却愉悦的道路，是一条直达你内心世界最深处的道路，在路的尽头你会看见你这此生此世的情缘，了解到爱情的真谛，探寻到幸福的秘密。

所以，你要想在下个转角遇到一场美丽浪漫的爱情，和未来的那个他淡定从容地走完此生，那么你必须明白：爱，注定是一生一世的修行。

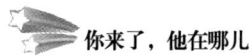

Lesson 1.

时光逝去，唯一不老的是对的选择

　　世界上最远的距离不是你在天涯他在海角，更不是你在他面前他却看不到，而是你为他心动他却只为你感动。但是，对于女人而言，不管自己心仪的男人距离自己多么远，也都算不上多大的事儿，因为站的距离你最远的男人绝对不是伤你最深的男人，那些伤你最深的男人都是站在你心底的男人。

　　可是，那些站在你心底的男人都是你自己选择的，真正伤害你的是那个负心汉，但也是你自己。如果说这世界有什么东西在时间长河中不会老去的话，除了史书中的斑驳记录之外，剩下的就是对的选择。

　　是的，时光易逝，唯一不老的是对的选择，只要你做出了对的选择，那么不论爱情还是人生，都会有一个完满的结局。

一个阳光明媚的午后，古希腊圣贤苏格拉底带着学生们来到了果园里，此时正值金秋时节，每一棵果树上都挂满了散发着香甜味的果子。苏格拉底对学生们说："现在你们可以每人沿着一行果树走下去，从果园的这头走到果园的那头，在走的过程中你们每人可以摘一枚自认为是最大最好的果子，记住，只能摘一枚，也不许走回头路，我不允许你们做出第二次选择。"

苏格拉底讲完话之后，学生就出发了，他们各自选择了一条自认为还不错的路走了下去。

大约过了半个小时的时间，学生们都走到了果园的另一头，当他们聚在一起的时候却发现老师苏格拉底正在不远处看着他们。

"你们都摘到自己满意的果子了吗？"苏格拉底走过来问道。

此时，学生们都脸上露出了惭愧之色，因为他们每一个人的手中都空空如也。

"老师，能不能让我们再从新走一回，我们都发现了自己想要的，不过都没有来得及摘下来。"

"你们是时间不够充足吗？不是你们来不及，而是你们总是觉得下次还会遇到更大更好的果子，等时间溜走，等路程走完，你们才发现自己手里什么东西都没有，哪怕是一颗很小的果子。人生何尝不是如此呢，只要是对的选择，就应该

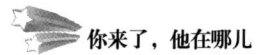

马上抓住，不要等着下一次，因为人生不能重来。"

这是一个在网上流传了很久的寓言小故事，至于是不是发生在古希腊先贤苏格拉底身上的事情并不重要，重要的是我们必须明白其中的道理：寻找爱的你千万不能像苏格拉底的那些学生那样，在遇到合适的恋爱对象还希望将来会遇到更好的，你要知道未来的事情谁也拿不准，只有抓住眼前的机遇才是对的选择。

在《非诚勿扰》的舞台上，我们总是能看到很多的女嘉宾在错过了合适的男嘉宾之时才后悔莫及，虽然她们最后也会牵手自己满意的对象，可是当初的那一份心动与诚挚的爱却未免还会再遇到。

说到底，很多女人往往错过了对的人，在对的时间、对的地点做出了错误的选择，很大一个原因就是缺少一种理性的判断。直白点来说，这些女人可能已经年纪不小了却还是小姑娘心态，殊不知"上了年纪的女人"是越来越贬值的，一个越来越贬值的女人还想着未来碰到一个更加优质的男人，这不啻为一种痴心妄想。

所以，当爱情的脚步向你走近的时候，当那个合适的男人为你捧上一束玫瑰花的时候，你就不要再想着看未来的风景了，赶紧伸出你的手捧起这有缘才能得到的幸福吧！

你若还想再等等看，那就想想你人老珠黄还孤身一人的悲惨场景吧！

【爱情的芬芳，幸福的滋味】

生命中有许多你不想做却不能不做的事，这就是责任；生命中有许多你想做却不能做的事，这就是命运。女同胞们，我们在追寻爱情的道路上不能及时做出正确的选择，很大程度上是因为我们的心里只装着自己，都说女人是自私的动物，这在爱情上表现得尤为明显，如果我们能够为自己的家人想一想，我们是不是会及早为自己找一个停靠的港湾，而不是一直漂流着不肯靠岸？如果是这样，那么我们在下一次遇见合适的人之时，不妨先靠岸看看，没准你停下了就会发现这边风景独好。当然，你只是靠岸并不是永久停留，好就留下，不好再做下一次打算也还来得及。

Lesson 2.

没有爱，生命是一场寂寞的旅行

从我们出生开始，就开始了我们漫长的人生旅程。谁也不知道下一站等待着我们的是什么，会遇见什么人，经历什么事。我们每个人都默默地行走在旅程中，以倔强的姿态，迎接着朝阳雨露。在这个旅途中，我们会遇到形形色色的人，有些人会与我们擦肩而过，而有些人却能陪我们风雨兼程。如果你有幸遇到这样的人，一定要珍惜他。

席慕容说："在我们年轻的时候，如果爱上了一个人，请你，一定要温柔地对他。"的确如此，每个人的生命都是独立的个体，在茫茫人海，漫长旅途中，能让我们真正动心的人确实不多，而且，没有谁能确定爱情就能够天长地久，陪着你一直走下去。没有什么能够永远不变，也没有什么能真的生死相随。即使是天荒地老，海誓山盟的承诺，也会最终

随着时间的流逝而慢慢遗忘。很多时候，你必须只身前行，一路经历风吹雨打，披星戴月，不断在人生的岔路口作出自己的选择，一路不断抚摸自己身上的伤口。在漫长的人生旅途中，没有了爱，旅行就是寂寞的。烦恼找不到合适的人倾诉，忧愁没有人分担，快乐也没有人同你分享，失败没有人安慰，成功也没有人为你欢呼，你就会掉进寂寞的漩涡，失去继续前行的动力。

因此，当你遇到爱人的时候，请一定要好好珍惜。即使最后两个人不爱了，也一定要以和平尊敬的方式结束彼此的关系，让这个经历成为值得我们珍惜和慰藉的记忆。然而，在现实生活中，很多恋人在分手时总是大动干戈，最后老死不相往来，其实，这就等于否定了两人之前的爱情，也终结了一份本来很美好的回忆，实在可惜。

如果注定要分手，还咬牙切齿地说一些狠话，未免轻贱了自己。在漫长的人生旅途中，不妨把对方看作你生命中的过客，两人成行纵然最好，但是一个人也有一个人的快乐。拥有的时候珍惜，失去的时候淡然放弃，是一种豁达的人生智慧。如果错把过客当作你生命的归属，认为只有这个人才是你生命的唯一，怎么能体会到生命的美好。爱是难以分出谁对谁错的，只有你用理智清醒的大脑分清楚，能把错误忘记。舍弃是一种可贵的精神，不懂得舍弃的人，就像一个只知道吸气不知道呼气的气球，迟早会让自己抑郁而亡。实际上，我们要珍惜每一次相遇，也要知道，并不是所有的情意，

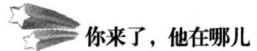
最终都能开花结果，也不是每一个聊得来的人都愿意与你同行。爱人让生命的旅行不寂寞，爱人可以离开你，但离不开的是曾经的爱和回忆。当你面对曾经的爱情，不妨豁达地说一声"一路珍重"，或许是让两人最舒服的方式。

【爱情的芬芳，幸福的滋味】

我们要接受孤独的人生，即使受了爱情的伤，也要感谢这份爱让自己的人生旅途不再寂寞。伤口，正是爱过的印记，里面记载的东西是需要你用一生的时间来铭记的。能够相伴到老的爱情，最值得珍惜，而曾经爱过你的人，也一定是与你前生有缘，一定要善始善终。即使他今生有负于你，也许是因为你前生有负于他，前尘今生，何必计较呢。

Lesson 3.
扰乱我们生活的是那棵纷乱芜杂的心

　　在《非诚勿扰》的舞台上，我们总是能够听见很多的女嘉宾在感叹，只有淡定才能幸福。

　　而在现实生活中，又有多少女人没有发出过这样的感慨呢？在纷乱芜杂的世界上，生活和工作的压力总是让女人不堪重负。经常听到有不少女人抱怨自己是多么的不幸，而事实上，真正扰乱我们的生活的，就是我们那颗纷乱芜杂的心，那颗不够淡定的心。

　　淡定是一种豁达积极的生活态度。拥有淡定心态的女人是充满智慧的，她们不会等着幸福降临自己身边，而是会去主动追求幸福，通过自己的努力争取自己想要的一切，即使结果不尽如人意，也不会看得很重。她们努力让自己快乐，能够清楚地认识到理想和现实之间的差距，不会爱慕虚荣，

301

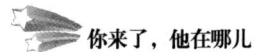

活在幻想中，也不会盲目攀比，她们只追求自己简单的纯粹的快乐。

淡定的女人不会被情绪控制自己，因为她们清楚患得患失也无法得到幸福，只有笑对人生，才会宠辱。淡定的女人不会轻易生气，她们懂得，生气是一种慢性毒药，只会慢慢腐蚀自己的心灵。她们用平常心看待生活，淡泊明志，宁静致远。

淡定的女人只活在当下，活在现在，珍惜生命中的每一刻。她们能够正视人生的不完美，也会欣赏自己的优点，享受自己的美好人生。在对爱情的态度上，淡定的女人独立自主，不把幸福寄托在别人的身上。淡定的女人靠自己争取幸福，不会依赖别人，也不让别人为自己做主，她们特立独行，洒脱淡然，却往往能够遇到最真挚的爱情。即使遇人不淑，淡定的女人也不会因此而痛不欲生，一蹶不振。在她们的世界里，有合适的爱人最好，没有也不会哀叹抱怨，在合适的时间出现的合适的人，就是最好的人。

做一个淡定的女人，从容淡定地生活，才能真正品评人生的平凡的快乐，享受生活的无限的乐趣。即使被工作牵累，被生活困扰，也会在闲暇之余，给自己一种安静的环境，给自己的心一份滋养和疼惜。在干净温暖的房间里，冲一杯咖啡，捧一本喜欢的书，让自己干涸的心灵得到滋润，感受生命之水在身体里静静流淌。

从容随意的女人像水一样，随着时代的进步，不断调整

生活的节奏。她们总是善待生活、善待生命。这样，即使光阴荏苒，青丝变成了白发，淡定的女人仍然能追寻生活的乐趣，能发现美丽的风景。哪怕身心一次次受伤、生活一次次遇到挫折，她们的生活依旧斑斓不惊。淡定的女人更加宽容，也懂得感恩。淡定的女人幸福而美丽，她们随遇而安，也因此能够获得人生的幸福。

【爱情的芬芳，幸福的滋味】

拥有了淡定，我们才能走出迷惘而困惑的人生泥潭，清醒而冷静地面对生活的坎坷，从而获得心灵的成长和足够多的幸福感，最终让自己成为一个幸福的女人，一个能够得到真爱的好命女人。

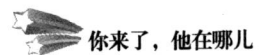

Lesson 4.

温柔的你不会让爱渐行渐远

女人能够塑造出好男人，同样，女人也可以塑造出坏男人——女人是男人最好的老师，她们能够教出温文尔雅的学生，也能够教出野蛮粗暴的男人。所以，你要想让你的男人对你温柔，那么你就必须做一个温柔的女人。

修一颗温柔的心，你才会成为一个更有魅力的女人。姐妹们，请一定要记住：你的温柔其实是你身上最有用的法宝，它不但能够帮你俘虏男人的心，还能够帮你把男人的心牢牢地拴住。

在《非诚勿扰》的舞台上，那些温柔的女嘉宾总是男嘉宾最青睐的女生，她们被选为心动女生的几率要远远高于那些牙尖嘴利、性格强势的女人。乐嘉老师说："温柔那是女人特有的武器。有女人味的女子是何等柔情，她爱自己，更

爱他人。她是春天的雨水，润物细无声；她是秋天的和风，轻拂你的脸庞。她以女性的特有情怀，放开胸襟去拥抱整个世界。"

然而，在当前这个讲究个性追求新潮的时代中，越来越多的年轻女孩的身上却失去了那层矜持，她们不知道温柔为何物，就算知道也是嗤之以鼻。在她们看来，女人就是要活出自己的个性，女人又不是男人的附属品为什么要对男人保持温柔的一面？这个世界本就是一个表现自己的世界，女人为什么要在男人面前戴上温柔的面具呢？

对于这些"新新女性"，我想要给她们说的是：不温柔的女人根本就不能称之为女人，她们只不过是有着女性生理特征而已，她们的躯壳中的灵魂绝对不是女人的灵魂，因为女人的灵魂就是夏日清晨露珠儿，是圆润的也是柔软的。

所以，对于那些总是一张口就是"我是女汉子"、"我是2到神经大条的女生"的女孩们来说，如何让自己矜持一点温柔一点，就成为了她们能不能等来幸福爱情的关键（不温柔的女孩子也一样可以遇见那个爱她疼她的男孩，可是你确定你的运气会有这么好吗？），你若不温柔，谁会心疼心，你若不温柔，谁愿心疼你。

姐妹们，我们一定要明白：再美的花也凋谢的那一天，再精心呵护的容颜也有泛起皱纹的那一天，你若想执着地守护住自己的爱情，你若想执着地守护住自己最心爱的男人，那么就请从现在这一刻起做个温柔的女人吧，不管未来会怎

305

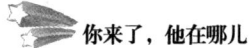

么样，你的温柔将是你身上永不褪色的东西，也是你此生献给心爱的人、献给自己的人生最好的礼物！

【爱情的芬芳，幸福的滋味】

一个温柔的女人，是清晨的微风，令男人神清气爽，也是傍晚的夕阳，给男人一份温暖但不热辣的爱——她们是男人心目中的最美的女人，也是男人这辈子最难舍弃的女人，男人在她们那里总是柔情的、心软的，因为她们是男人们最愿意停靠的港湾。

Lesson 5.
经营爱情是堂必修的人生哲学课

乐嘉说："爱情，是需要用心经营的。恋爱也是一门艺术。"

爱情是每个人在人生中必修的一堂哲学课。任何一个刚刚品尝到爱情滋味的年轻人，如果不懂得经营爱情这门哲学，那么在爱情的激情退去之后，势必会让自己的爱情沉入谷底。

恋爱中的女儿问妈妈："妈妈，我应该怎样经营我的爱情？"妈妈用双手从地上捧起沙子，这时的沙子在手里是满满的，接着，妈妈握紧拳头，手里沙子马上从指缝间撒落下来。然后，妈妈松开双手，让女儿看着所剩无几的沙子，对她说："爱情就像我手里的沙子，当你想要紧紧抓住它时，它往往会想跑，反之，它却会让你满意和幸福。"

爱情也是有保质期的。在人们看来，经历了恋爱结婚生子，才能完成整个人生的过程。而经历了恋爱的浪漫期后，一切归于平静，重归平静的生活，想要仍然保持爱情的鲜度，那就需要我们用心的去经营，去理解彼此，就像流水一样，水每天都在不停地流动，偶尔会有狂风大浪，但是只要用心的经营，风浪过后依旧是平静。

经营爱情也是需要勇气的。作为年轻人来说，总是对爱情充满幻想和期待。而有所期待，也要有所行动，通过自己的努力浇灌，让爱情的土壤开花结果。爱情是两个人的事，爱情是平等的，没有谁高谁低，也谈不上谁对谁错，在爱情的漩涡里，能够认清爱情本质是很重要的，很多人认为，认清爱情的本质就难以享受到爱情的甜蜜，但这一点正是让自己的爱情开花结果，走到最后的表现。

在恋爱的时候，两个人都要保持冷静和理智。因为这个世界上并不存在十全十美的人，不要对对方过于苛刻，也不要过于追求完美。如果过于追求完美，就很容易给对方造成很大的心理压力，让人对你望而却步。只有相互尊重，以宽容、谅解的心相处，才能真正体会到爱情的甜蜜和美好。

我们在恋爱的时候，总是希望得到对方更多的爱，也总是把对方看作自己最重要的人，实际上这是一种不理智的想法。爱情并不是人生的全部，不能因为爱情而放弃身边的所有。爱情里的双方都是独立的，一旦爱情的高潮甜蜜过去，剩下的只有平静和平淡，恋爱过后，两个人更多的是一种亲人般的感情。所谓细水长流，也只有温和的感情才能更加历久弥坚。

【爱情的芬芳，幸福的滋味】

　　永远不要对幸福产生绝望，永远不要放弃对幸福的追求，只要我们的心中永远有一束阳光，那么未来的日子注定就不会艰苦。

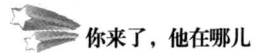

周末小测验·测测你是不是一个合格的女朋友

（以下小题中选择 a 得 1 分，选择 b 得 2 分，选择 c 得 3 分，选择 d 得 4 分）

1.你最希望男友变成什么样的男人？

a.肯定是像权相宇、金城武那样的帅哥呀，那个女人不喜欢帅哥呀

b.一个超级土豪，有个土豪男朋友，生活会是多么的无忧无虑啊

c.只要他爱我就可以，希望他做自己，因为我就爱他那个人

d.外星人吧，地球上的所有雄性动物都不适合我，也许只有外星人适合我了

2.男朋友的母亲生重病了，你会去照顾吗？

a.会去照顾，但是我毕竟是个外人，更多的还是交给他家人吧

b.应该不会去照顾，去看望一下还是可以的，毕竟我只是

他们家未过门的媳妇儿

c.帮助男朋友处理工作与家庭之间的关系，自己有时间的话肯定会去照顾

d.得重病了？那岂不是要花很多钱，跟这个男人就没有一天顺心过，坚决分手

3.你过生日了，男朋友恰好要出差，你会怎么办？

a.如果他没有忘记送我礼物的话，那就去出差吧，工作要紧

b.他怎么可以这样子，我会不开心的，但是他送的礼物够贵重的话，那他就是爱我的

c.帮他准备要出差的物品，提醒他生日那天别忘了给自己打电话，送他去机场

d.一个男人连给女朋友过生日都过不了，这种男人就适合一辈子单身，坚决分手

4.半夜上卫生间的时候，会不会为男朋友掖被子？

a.好像给他掖过被子吧，不确定了，每天晚上上卫生间都迷迷糊糊的

b.不会给掖被子，家里冬天暖气烧得足，夏天开空调，没必要掖被子

c.每一次晚上上卫生间回来都会看他有没有盖好被子，没盖好就给他掖被子

d.我最讨厌那种没有睡相的男人了，这样的男人我是不会跟他好的，决不给掖被子

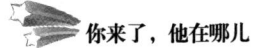

5.一天晚上男朋友突然醉醺醺的回来了，你这个时候会怎么办？

a.气死我了，喝成这样还好意思回家，但是生气归生气，还是会照顾他

b.先把他安顿好，然后检查他身上有没有其他女人的痕迹，有的话他就完了

c.很吃惊，他这是怎么了？工作上出什么事情了吗？还是他家里出状况了

d.这样的男人简直就不是人，不知道家里有女朋友吗？我要给他妈打电话

6.和他的朋友一起出去吃饭，突然和他发生点不愉快，你会？

a.立马就跟他吵起来了，就是要他丢人现眼，看他以后还敢不敢在朋友面前惹我生气

b.这得看不愉快的情况有多严重，情况不严重的话就先忍着，情况严重的话就马上跟他干起来

c.找个借口马上回家，等他回家后再跟他辩论，毕竟当着他的朋友面吵架不好

d.手旁边有什么东西抓起来就轮过去了，这样的男人就该被打死，跟我吵，找死

7.男朋友老是在你面前夸他的女同事们身材都有多好，你会？

a.吃着碗里的还惦记着锅里的，这种情况坚决不能容忍，

说一次骂一次

b.我会吃醋，不理他，直到他说我是最棒的才饶恕他

c.他的潜台词是说我胖么？好吧，我承认我最近是体重增长了好几斤

d.哼，她们身材好你跟她们过去呀，老娘我就是这样子了，你不满意可以分手

8.男朋友和你一起去旅行，途中遇到了魔鬼，你会？

a.天呐，这是什么狗血剧情，会和男朋友一起把魔鬼打跑，嘿嘿……

b.好害怕呀，缩进男朋友怀里，不知道该怎么办，就看男朋友的了

c.让男朋友躲在自己身后，然后告诉魔鬼：你伤害我可以，伤害我男朋友不行

d.魔鬼原来这么酷呀，找魔鬼这样的男朋友才能完全符合我的要求，前任，再见

【测试结果】

8—17分：你男友应该是前世造了五百年的孽才会遇见你，遇见你这样的女朋友就是他今生最大的不幸。亲，先别急着哭鼻子嘛，前一句话的确说的有点过了。其实，你男朋友能够遇见你这样的女朋友也并非只有做悲情男主角的命，虽然你不是一位合格的女朋友，但是你却有成为一名合格女

朋友的潜质。只要你男朋友对你有耐心，会竭尽全力地去改变你，那么你用不了多长时间就会成为一名合格的女朋友，让他对你充满信心，对你们的未来充满希望。

18—25分：毫无疑问，你男朋友是非常幸运的，能够遇见你这样的女朋友，他前世一定是积了五百年的德。在人多的时候你不会和他抬杠，在朋友面前会给足他面子，生活上对他照顾的比他妈对他还好，经济上更会与他一起分担压力。总之用一句话来形容你这种合格的女朋友的话，那就是"你一定是上天派来拯救她的女神"。不过，看到这里的时候你并不要太过骄傲，因为合格与优秀还有一段差距。所以，你要想让你的男朋友与你一直相随相伴，那你除了继续保持之前的优良作风之外，还应该再接再厉勇攀新的高峰（这句话怎么如此的高大上呀，令人一阵阵的"鸡冻"）。

26分以上：你是个非常了不起的女人，了不起到没有男人敢和你"耍朋友"。当然，我这句话的意思并不是这样的。作为一个女人你是不合格的，作为别人的女朋友你也是不合格的。总之，你的男朋友遇见你一定是从盘古开天辟地后就开始造孽的，要不然他也不会遇见你这样的极品女友（呜呜呜，先别哭嘛，听我把话讲完好不好的啦），你除了伤害他的灵魂祸害他的生活之外，貌似你也干不出来啥事儿了。因此，对于你这种严重不合格的女朋友来说，你最应该做的事情就

是赶紧回头吧，回头是岸，别再继续这样下去了，你若坚持如此，你们的未来必定一片黑暗。所以，你赶紧做出改变吧，晚了男朋友就可能跟着别的女人跑了！